Alle Heiligen Zeiten

Alle Heiligen Zeiten

**Durchs Kirchenjahr mit
Christoph Kardinal Schönborn**

Herausgegeben von Hubert Philipp Weber
Mit Bildern aus der Sammlung Otto Mauer

Die Schreibweise entspricht der neuen deutschen Rechtschreibung 2006.

Impressum

Fachliche Beratung: Dom- und Diözesanmuseum Wien
Fotoreproduktionen: Karl Grohmann
Umschlaggestaltung: Nele Steinborn, unter Verwendung des Bildes von Alfred Kubin „Einzug in Jerusalem"
Grafische Gestaltung/Satz: Nele Steinborn, www.nest.at
Schrift: Eidetic Neo, Akzidenz Grotesk BQ
Herstellung: Tina Gerstenmayer, adpl-solutions – Division Publishing, Wien
Druck und Bindung: Druckerei Theiss, St. Stefan

© 2008 by Wiener Dom-Verlag
Wiener Dom-Verlag Gesellschaft m. b. H., Wien
Printed in Austria. Alle Rechte vorbehalten

ISBN: 978-3-85351-205-0

Der Abdruck der Kommentartexte erfolgt mit freundlicher Genehmigung der „Kronen Zeitung".
Der Evangeliumstext entspricht dem Lesejahr B und folgt der Einheitsübersetzung der Heiligen Schrift.
©1980 Katholische Bibelanstalt, Stuttgart

*Unserem Wiener Priesterseminar
zum 250 Jahr-Jubiläum mit
allen guten Segenswünschen gewidmet*

Vorwort

Was macht die Zeiten heilig? Bei der Redewendung „alle heiligen Zeiten" schwingt immer der Gedanke mit: höchst selten oder fast nie. Gibt es also keine Zeiten mehr, die das Attribut „heilig" verdienen? Als Christen leben wir in der Gewissheit, dass nicht wir selbst die Welt und die Zeit heilig machen können, sondern nur einer, der selbst der Heilige Gottes ist: Jesus Christus (vgl. Mk 1,24). Er heiligt die Welt durch Menschen, die sich darum bemühen, ihren Auftrag in der Welt zu erfüllen.

Im christlichen Verständnis sind nicht alle Tage gleich. Der Sonntag als Tag der Auferstehung, als erster Tag der Woche, ist vor den anderen Tagen besonders ausgezeichnet. An jedem Sonntag wird in den Kirchen auf der ganzen Erde das Evangelium von Jesus Christus verkündet und für heute ausgelegt. Das Osterfest als der „erste Sonntag" steht in der Mitte des Kirchenjahrs, daneben ist Weihnachten, das Fest der Menschwerdung, der zweite Fixpunkt des christlichen Glaubens. Jedes Jahr feiern die Christen diese beiden Feste, bereiten sich viele Wochen darauf vor und lassen die Freude weiterwirken. Diese „Heiligen Zeiten" werden hier besonders in den Blick genommen.

In diesem Band sind Schriftstellen, fast immer die Evangelien, zu den Sonntagen der sogenannten geprägten Zeiten gesammelt: Advent und Weihnachten, Fasten- und Osterzeit und Feste im Jahreskreis. Die Texte entsprechen in der kirchlichen Leseordnung dem „Jahr B", das sich am Markusevangelium orientiert, dem kürzesten der vier Evangelien des Neuen Testaments.

Den Schriftstellen sind jeweils Bilder aus der Otto-Mauer-Sammlung gegenübergestellt, die heute zum Wiener Dom- und Diözesanmuseum gehört. Msgr. Otto Mauer war ein leidenschaftlicher Priester und Theologe. Mit ebenso großer Leidenschaft und viel Sachverstand hat er sich nach dem Zweiten Weltkrieg für die moderne Kunst eingesetzt. Er gründete die Galerie nächst St. Stephan und sammelte Bilder zeitgenössischer Künstler. Dabei kam es ihm auf die Künstler selbst und ihre Arbeit an, nicht darauf, ob sie katholisch waren oder nicht, religiös praktizierend oder Atheisten. Für Otto Mauer stehen Kunst und Religion auf einem gemeinsamen Boden, suchen beide je auf ihre Weise nach der Wahrheit.

Das Bild hat immer zwei Seiten, es zeigt und verhüllt zugleich. Es kann offenbaren, es kann aber auch täuschen, schmeichlerisch verschönen, aber auch schonungslos entlarven. Ein Bild ist immer auf seine eigene Weise Auseinandersetzung mit der Wirklichkeit. Dementsprechend sind auch die in diesem Buch ausgewählten Bilder als Auseinandersetzung mit dem Evangelium und seiner keineswegs einfachen Botschaft verstanden. Jesus Christus selbst, Sein Leben und Wirken, Seine Botschaft stellt eine Herausforderung für die Menschen dar. Die Sonntagsevangelien, die dazu gesammelten Gedanken und die Bilder laden zum Nachdenken, zur Auseinandersetzung und zum Überdenken des eigenen Lebens und Glaubens ein.

An der Entstehung dieses Buches waren viele Menschen beteiligt, denen mein Dank gilt. Die Kommentare erschienen zuerst im Jahr 2005/06 in der „Kronen-Zeitung". Ich danke Hans Dichand, der das ermöglicht hat, dem Team der „Krone bunt" und meinen Mitarbeitern in der Öffentlichkeitsarbeit der Erzdiözese Wien. Die Bilder, die in diesem Buch Verwendung finden, wurden vom Dom- und Diözesanmuseum unter Direktor Bernhard Böhler bereitgestellt. Inge Cevela vom Wiener Dom-Verlag hat sich des Projektes mit viel Engagement angenommen und hatte dabei so manche Schwierigkeit zu überwinden. Das Manuskript hat in bewährter Weise Hubert Philipp Weber betreut. Ihnen allen gebührt mein herzlicher Dank.

Das Evangelium kann seine Kraft nur entfalten, wenn sich die Menschen ihm mit ihrem ganzen Leben stellen. Möge dieses Buch dazu beitragen, dass diese Auseinandersetzung für möglichst viele fruchtbar sein kann.

Wien, an Allerheiligen, dem
1. November 2008

✝ **Christoph Kardinal Schönborn**

Inhalt

Advent und Weihnachtszeit

1. Adventsonntag — 13
Markusevangelium 13,33-37
Eine Zeit für wache Herzen

2. Adventsonntag — 17
Markusevangelium 1,1-8
Ursprung des Anfangs

3. Adventsonntag — 21
Johannesevangelium 1,6-8.19-28
Ich bin es nicht

4. Adventsonntag — 25
Lukasevangelium 1,26-38
Wende der Weltgeschichte

In der Heiligen Nacht — 29
Lukasevangelium 2,1-14
Schwierige Weihnachten

Weihnachten am Tag — 33
Johannesevangelium 1,1-18
Unbegreiflich nahe

Hochfest der Gottesmutter Maria — 37
Lukasevangelium 2,16-21
Wegweiser ins neue Jahr

Erscheinung des Herrn — 41
Matthäusevangelium 2,1-12
Gekommen, um anzubeten

Taufe des Herrn — 45
Markusevangelium 1,7-11
Du geliebtes Kind

Fastenzeit und Ostern

1. Fastensonntag — 51
Markusevangelium 1,12-15
Die größte Versuchung

2. Fastensonntag — 55
Markusevangelium 9,2-10
Hier ist gut sein

3. Fastensonntag — 59
Johannesevangelium 2,13-25
Ist Religion gewalttätig?

4. Fastensonntag — 63
Johannesevangelium 3,14-21
Fastenfreude

5. Fastensonntag — 67
Johannesevangelium 12,20-33
Ich bin froh - seid ihr es auch!

Palmsonntag — 71
Markusevangelium 11,1-10
Mein Frühling

Karfreitag — 75
Johannesevangelium 19,7-30
Alles hätte ich getan ...

Ostersonntag — 79
Johannesevangelium 20,1-18
Mein Osterwunsch

2. Sonntag der Osterzeit — 83
Johannesevangelium 20,19-31
Glauben ist möglich

3. Sonntag der Osterzeit	87	**Dreifaltigkeitssonntag**	117
Lukasevangelium 24,35-48		Matthäusevangelium 28,16-20	
Weil es wirklich so ist		Das Stadion ist die Welt	

Feste unterm Jahr

3. Sonntag der Osterzeit — 87
Lukasevangelium 24,35-48
Weil es wirklich so ist

4. Sonntag der Osterzeit — 91
Johannesevangelium 10,11-18
Gott hat Geduld

5. Sonntag der Osterzeit — 95
Johannesevangelium 15,1-8
Gibt es guten Wein?

6. Sonntag der Osterzeit — 99
Johannesevangelium 15,9-17
Ich nenne euch Freunde

Christi Himmelfahrt — 103
Apostelgeschichte 1,1-11
Abschied und Anfang

7. Sonntag der Osterzeit — 107
Johannesevangelium 17,6a.11b-19
Damit der Geist nicht ausgeht

Pfingstsonntag — 111
Apostelgeschichte 2,1-11
Das Sprachenwunder

Dreifaltigkeitssonntag — 117
Matthäusevangelium 28,16-20
Das Stadion ist die Welt

Fronleichnam — 121
Markusevangelium 14,12-16.22-26
Das Geheimnis der kleinen Hostie

Christkönigsonntag — 125
Johannesevangelium 18,33b-37
Der Herz-König

Maria ohne Erbsünde empfangen — 129
Genesis 3,9-15.20
Sündenfall

Mariä Himmelfahrt — 133
Offenbarung des Johannes
11,19a; 12,1-6a.10b
Die Schwangere

Allerheiligen — 137
Matthäusevangelium 5,1-12a
„Oh when the Saints"

Advent und Weihnachtszeit

1. Adventsonntag

Markusevangelium 13,33-37

In jener Zeit, sprach Jesus zu seinen Jüngern:

[33] Seht euch also vor, und bleibt wach! Denn ihr wisst nicht, wann die Zeit da ist.
[34] Es ist wie mit einem Mann, der sein Haus verließ, um auf Reisen zu gehen: Er übertrug alle Verantwortung seinen Dienern, jedem eine bestimmte Aufgabe; dem Türhüter befahl er, wachsam zu sein.
[35] Seid also wachsam! Denn ihr wisst nicht, wann der Hausherr kommt, ob am Abend oder um Mitternacht, ob beim Hahnenschrei oder erst am Morgen.
[36] Er soll euch, wenn er plötzlich kommt, nicht schlafend antreffen.
[37] Was ich aber euch sage, das sage ich allen: Seid wachsam!

Marc Adrian
Collage I
Collage, sign. u. dat. 1951
50,2 x 64,7 | OM 2 | IG/2

Da wir weder den Tag noch die Stunde wissen, wann es für uns so weit ist, gilt es, jeden Moment des Lebens möglichst wach zu sein. Ein waches Herz, einen wachen Geist bewahren: Heute kann Er mir begegnen in einem Menschen, der mich braucht. Heute kann Er mich ansprechen durch ein Ereignis, das mich herausfordert.

Eine Zeit für wache Herzen

Schon längst haben Adventmärkte überall ihre „Standln" aufgebaut. Als wollte der Markt nicht warten. Heute erst beginnt der Advent, aber das „Weihnachtsgeschäft" drängt immer mehr schon in den Herbst hinein. So kommt es, dass bereits Mitte, ja Anfang November Weihnachtsbeleuchtung und Christkindlmärkte unsere Städte erfüllen.

Darüber zu klagen hilft nicht. Für viele ist das Geschäft mit den Advent- und Weihnachtseinkäufen die wichtigste Einnahme des Jahres. Sie sei ihnen gegönnt. Sie ist für viele Lebensunterhalt. Es liegt an uns selbst, wie wir versuchen, den Advent zu leben. Statt über den Stress der Vorweihnachtszeit zu jammern (und ihn dadurch noch größer zu machen), kann ich mir die Frage stellen: Was erwarte ich wirklich? Worauf hoffe ich? Wonach sehne ich mich? Das Evangelium kann mir wie ein Spiegel sein, in den ich hineinblicke, um mein Herz zu prüfen.

Im Jahr 1955 ging in Österreich eine große Hoffnung in Erfüllung: Unser Land wurde wieder frei. Unsere Nachbarländer mussten bis 1989 warten, bis zum Zusammenbruch der kommunistischen Herrschaft. Viele Völker in der Welt sehnen sich heute noch nach Freiheit, nach mehr Gerechtigkeit und Wohlstand. Daher drängen Menschen aus diesen Ländern in unsere Wohlstandsinseln, Europa, Nordamerika, auf der Suche nach Arbeit und einem menschenwürdigen Leben in Freiheit. Ihre Sehnsucht ist verständlich, auch wenn sie uns vor manche Probleme stellt.

Worauf hoffen wir? Auf noch mehr Wohlstand? Das wird es kaum sein können. Dass es uns weiterhin so gut geht wie jetzt? Möge es so sein, ich fürchte, es wird nicht so bleiben. Ich denke, die Zeiten werden schwerer. Was sagt uns Jesus im Evangelium dazu? Zweierlei:

Zuerst, dass es Tage großer Not geben wird. Es gab sie immer wieder. Es wird sie auch in Zukunft geben. Tage werden kommen, in denen alles erschüttert wird, Tage schwerer Prüfungen, kosmischer Katastrophen, kriegerischer Auseinandersetzungen.

In alledem sollen wir erkennen: „Das Ende steht vor der Tür." Jesus fordert uns auf, die Zeichen zu erkennen. Wenn die Bäume austreiben, zieht der Frühling ins Land. Wenn die Tage der Not hereinbrechen, ist das Reich Gottes nahe. Einmal wird es so weit sein, dass Christus wiederkommt in Herrlichkeit. Dann wird alle Not vergehen. Dann wird es wirklich Advent, Ankunft des Herrn, sein.

Ist das nicht fromme Täuschung? Jede Generation hofft neu, es werde endlich alles gut werden - und doch bleibt alles beim Alten. Wie sehr haben wir in Österreich auf die Freiheit gehofft. Und als wir sie 1955 endlich erhielten, ist Österreich doch nicht zum Paradies auf Erden geworden. Auf Erden wird es nie das Paradies geben. Christus hat es nicht für diese Welt versprochen. Er hat vielmehr gesagt: „In der Welt seid ihr in Bedrängnis" (Joh 16,33). Ganz glücklich können wir nur „drüben" werden, im Himmel. Für jetzt sagt uns Jesus deshalb ein Zweites: Seid wachsam! Da wir weder den Tag noch die Stunde wissen, wann für uns „die Welt untergeht" und wir sie verlassen müssen, gilt es, jeden Moment des Lebens möglichst wach zu sein.

Ein waches Herz, einen wachen Geist bewahren: Das sagt uns Jesus für heute. Heute kann Er mir begegnen in einem Menschen, der mich braucht. Heute kann Er mich ansprechen durch ein Ereignis, das mich herausfordert. Er soll mich nicht schläfrig und verträumt antreffen. Advent - eine Zeit für wache Herzen: Das kann ein froher Advent werden!

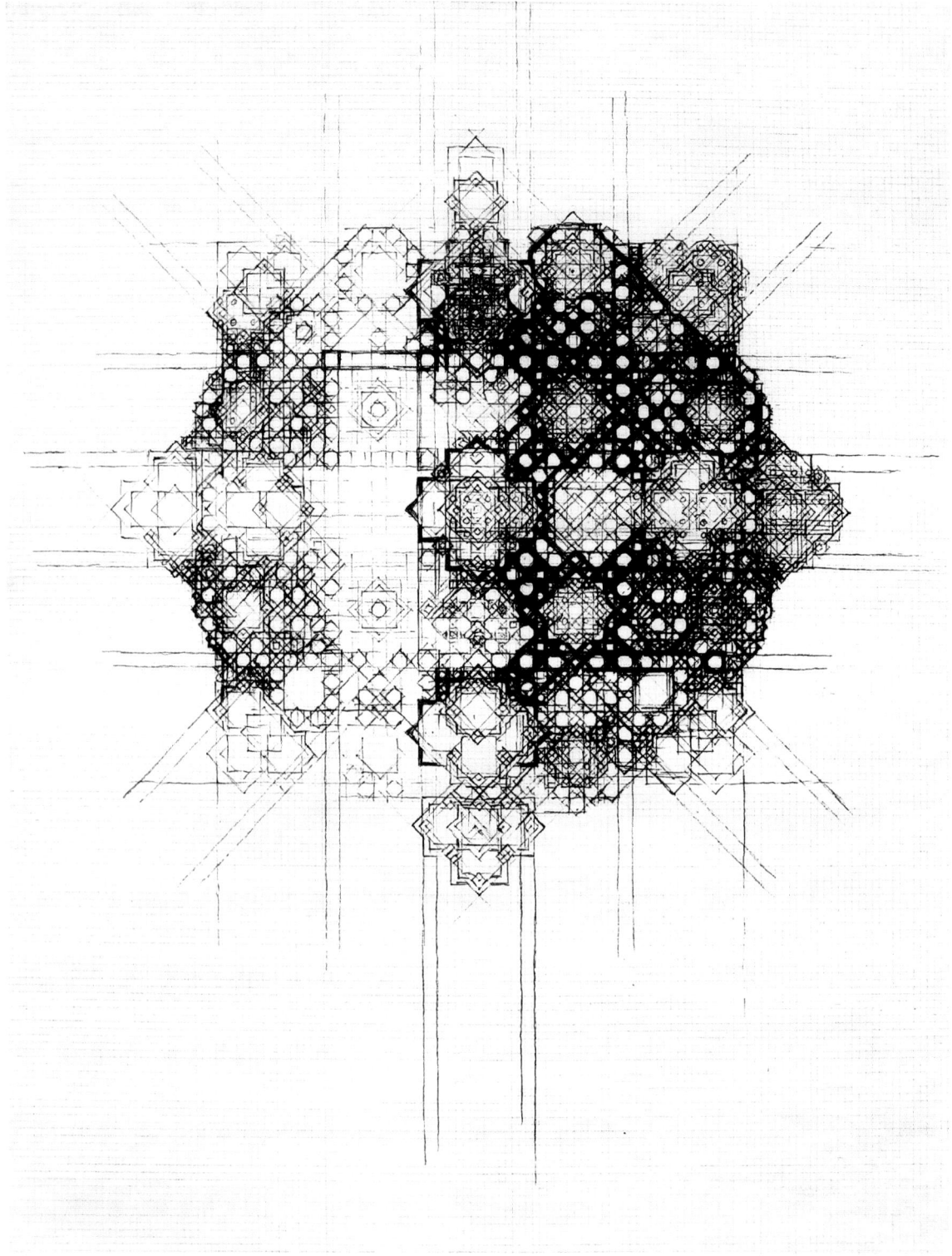

2. Adventsonntag

Markusevangelium
1,1-8

¹ Anfang des Evangeliums von Jesus Christus, dem Sohn Gottes:
² Es begann, wie es bei dem Propheten Jesaja steht: Ich sende meinen Boten vor dir her; er soll den Weg für dich bahnen.
³ Eine Stimme ruft in der Wüste: Bereitet dem Herrn den Weg! Ebnet ihm die Straßen!
⁴ So trat Johannes der Täufer in der Wüste auf und verkündigte Umkehr und Taufe zur Vergebung der Sünden.
⁵ Ganz Judäa und alle Einwohner Jerusalems zogen zu ihm hinaus; sie bekannten ihre Sünden und ließen sich im Jordan von ihm taufen.
⁶ Johannes trug ein Gewand aus Kamelhaaren und einen ledernen Gürtel um seine Hüften, und er lebte von Heuschrecken und wildem Honig.
⁷ Er verkündete: Nach mir kommt einer, der ist stärker als ich; ich bin es nicht wert, mich zu bücken, um ihm die Schuhe aufzuschnüren.
⁸ Ich habe euch nur mit Wasser getauft, er aber wird euch mit dem Heiligen Geist taufen.

Fritz Hartlauer
Urzelle 26
Z., schwarze Tinte u. Tusche, verso sign. u. dat. 1962
59,3 x 42 | OM 692 | VIII/13

„Anfang" meint hier nicht nur den zeitlichen Beginn, sondern auch den Ursprung. Das Evangelium kommt aus tiefster Quelle, es entspringt im lebendigen Gott selber.

Ursprung des Anfangs

Was war am Anfang? Wie fing alles an? Alle vier Evangelien beginnen mit einem Blick auf den Ursprung der Frohen Botschaft, auf die Anfänge Jesu und seiner Kirche. Der Evangelist Matthäus beginnt mit einem Stammbaum Jesu, der über David bis zum Stammvater Abraham zurückführt. Jesus ist die Frucht der langen Geschichte Gottes mit Abraham und seinen Nachkommen.

Der heilige Lukas eröffnet sein Evangelium mit einem historischen Prolog. Er widmet seine Schrift mit all dem, „was sich unter uns ereignet hat", einem christlichen Wohltäter, Theophilus mit Namen, dem er zeigen will, wie zuverlässig die Berichte über diese Ereignisse sind und dass er sich auf deren Glaubwürdigkeit verlassen kann.

Das Johannesevangelium hebt mit dem berühmten Prolog an, der bis in die tiefsten, geheimnisvollsten Ursprünge der im Evangelium aufgezeichneten Geschehnisse Jesu hineinleuchtet: „Im Anfang war das Wort und das Wort war bei Gott, und das Wort war Gott". Der „Anfang" ist hier das innerste Lebensgeheimnis Gottes selbst, der Ursprung aller Ursprünge, der anfanglose Ursprung in Gott selbst, den wir in christlicher Sprache das Geheimnis der Heiligsten Dreifaltigkeit nennen. Johannes betrachtet, wie aus diesem Urquell alles hervorgeht, die Schöpfung, das Leben, das Licht und vor allem das mensch- und fleischgewordene ewige Wort, der Sohn Gottes, der Messias Jesus Christus, von dem wir „Gnade über Gnade empfangen haben".

Den knappsten Prolog bietet das kürzeste der vier Evangelien. Der heilige Markus war Schüler und Begleiter des Apostels Petrus und dessen Dolmetscher in Rom (so sagt eine alte Überlieferung), aber auch Missionsgefährte und Helfer des Apostels Paulus, mit dem er zeitweise einen heftigen Konflikt hatte, dem er aber in Rom in der Zeit der Gefangenschaft eine treue Stütze war. Markus soll vor allem die Predigt des Apostels Petrus wiedergegeben haben. Sein Evangelium ist knapp, gibt weniger die Reden Jesu wieder als vielmehr seine Taten. Es zeigt uns Jesus lebhaft, oft mit starken Gemütsbewegungen. Es spiegelt, so will mir scheinen, gut das Temperament des Apostels Petrus wider.

Markus stellt seinem Evangelium nur einen kurzen Satz voraus. Aber welches Gewicht hat jedes Wort! „Anfang des Evangeliums": Das kann einfach nur den Beginn des Buches meinen, das wir in Händen haben. Aber auch Johannes spricht vom „Anfang", wie auch das erste Wort der Bibel: „Im Anfang schuf Gott Himmel und Erde". „Anfang" meint hier nicht nur den zeitlichen Beginn, sondern auch den Ursprung. Das Evangelium kommt aus tiefster Quelle, es entspringt im lebendigen Gott selbst. Es ist Seine Leben spendende Botschaft, die alle Menschen erreichen soll, damit alle das Leben haben, und es „in Fülle haben".

Der göttliche Ursprung der Frohen Botschaft ist uns nahegekommen. Er hat einen Namen: Jesus selbst ist der „Ort", in dem der Ursprung gegenwärtig ist. Daher will das Evangelium vor allem eines: seine Leser zum Glauben an Jesus führen. Durch den Glauben bekommen wir Zugang zum Urquell, der in Jesus offensteht. Dazu sind zwei Glaubensschritte notwendig: zu bekennen, dass Jesus der Messias, den Israel erwartet, der Christus, ist. In der Mitte des Markusevangeliums wird Petrus dieses Bekenntnis aussprechen: „Du bist der Messias" (Mk 8,29).

Am Schluss des Evangeliums, im Angesicht des am Kreuz Gestorbenen, wird der römische Hauptmann den zweiten Schritt tun: „Wahrhaftig, dieser Mensch war Gottes Sohn".

Zu diesem doppelten Glaubensbekenntnis, das der erste Satz des Evangeliums vorweg ausspricht, sollen die Hörer und Leser geführt werden. Als erster Zeuge dafür tritt Johannes der Täufer auf, der dem Herrn Jesus Christus den Weg bereitet. Als letzte sehen wir die Apostel, wie sie in die ganze Welt hinausziehen, das Evangelium zu verkünden. Dabei entfernen sie sich nicht vom Anfang, denn Christus, der bleibende Ursprung des Evangeliums, begleitet und bekräftigt ihre Mission – bis heute!

3. Adventsonntag

Johannesevangelium 1,6–8.19–28

⁶ Es trat ein Mensch auf, der von Gott gesandt war; sein Name war Johannes.
⁷ Er kam als Zeuge, um Zeugnis abzulegen für das Licht, damit alle durch ihn zum Glauben kommen.
⁸ Er war nicht selbst das Licht, er sollte nur Zeugnis ablegen für das Licht.
¹⁹ Dies ist das Zeugnis des Johannes: Als die Juden von Jerusalem aus Priester und Leviten zu ihm sandten mit der Frage: Wer bist du?,
²⁰ bekannte er und leugnete nicht; er bekannte: Ich bin nicht der Messias.
²¹ Sie fragten ihn: Was bist du dann? Bist du Elija? Und er sagte: Ich bin es nicht. Bist du der Prophet? Er antwortete: Nein.
²² Da fragten sie ihn: Wer bist du? Wir müssen denen, die uns gesandt haben, Auskunft geben. Was sagst du über dich selbst?
²³ Er sagte: Ich bin die Stimme, die in der Wüste ruft: Ebnet den Weg für den Herrn!, wie der Prophet Jesaja gesagt hat.
²⁴ Unter den Abgesandten waren auch Pharisäer.
²⁵ Sie fragten Johannes: Warum taufst du dann, wenn du nicht der Messias bist, nicht Elija und nicht der Prophet?
²⁶ Er antwortete ihnen: Ich taufe mit Wasser. Mitten unter euch steht der, den ihr nicht kennt
²⁷ und der nach mir kommt; ich bin es nicht wert, ihm die Schuhe aufzuschnüren.
²⁸ Dies geschah in Betanien, auf der anderen Seite des Jordan, wo Johannes taufte.

Alfred Hrdlička
Johannes der Täufer vor der Enthauptung
Radierung m. Aquatinta, sign. u. dat. 1962 | num. 6/20
19,5 x 32,2 (Pl.), 37,2 x 53,7
OM 761 | VIII/63

Ich bin die Stimme in der Wüste, die euch zuruft: Bereitet dem Herrn den Weg, er ist im Kommen. Auf Ihn kommt es an, nicht auf mich. Meine Aufgabe ist es, euch auf Ihn vorzubereiten. Es geht nicht um mich, sondern um Ihn. Er ist wichtig, Ihn braucht die Welt, Ihm will ich den Weg zu den Herzen der Menschen bereiten.

Ich bin es nicht

Der 3. Adventsonntag wird „Laetare" genannt, nach dem ersten Wort des heutigen Sonntagsgottesdienstes: „Freut euch (lateinisch: laetare) im Herrn zu jeder Zeit! Noch einmal sage ich euch: Freut euch! Denn der Herr ist nahe." Dieser Zuruf stammt von Paulus, aus seinem Brief an die Christengemeinde in Philippi in Griechenland (4,4). Die Kirche wiederholt diese Ermutigung, weil Weihnachten nahe ist.

„Der Herr ist nahe." Für den Apostel Paulus war dieses Wort voller Leben. Er hatte auf dem Weg nach Damaskus erfahren, dass Jesus ihm nahe war. Ihm, dem fast fanatischen, überzeugten Kirchenhasser und Christenverfolger, war plötzlich Jesus erschienen. „Saul, warum verfolgst du mich?" – „Wer bist du, Herr?" – „Ich bin Jesus, den du verfolgst."

Seit dieser ihn wirklich umwerfenden Begegnung mit Jesus konnte Paulus nie mehr anders als überall zu sagen: Der Herr ist nahe. Was man selbst erlebt hat, davon kann man glaubwürdig sprechen. Viele haben dem Paulus „abgenommen", was er erzählte. Dass die Erfahrung, die Paulus gemacht hatte, „passte", gut und positiv war, konnten die Menschen nicht nur an seinen Worten erkennen, sondern vor allem an seiner Freude. Jesus hat sein Leben verändert; das war an der Freude zu spüren, die er ausstrahlte. Jesus war ihm nahe. Das war der Grund für seine „ansteckende" Freude.

Heute ist aber von einem anderen die Rede, der dasselbe auf dem Herzen hat: Johannes der Täufer, der Verwandte Jesu, sein „Vorläufer". Er hat den Menschen nur diese eine Botschaft zu sagen: Der Herr ist nahe. Sein Beruf ist es, „Wegweiser" zu sein. So stellt ihn die Kunst oft dar: ein hagerer Asket, dessen Zeigefinger auf Jesus hinweist. „Seht, das Lamm Gottes", hatte er zu seinen Schülern gesagt, als sie einmal Jesus vorbeigehen sahen.

Heute stellt er sich selbst vor. Man fragt ihn, wer er denn sei, was er über sich selbst zu sagen hat. Eigenartig, wie er das dann tut. Er spricht von sich, indem er nur von sich selbst wegweist:

„Ich bin es nicht!" Es geht nicht um mich. Ich bin nicht das Licht, ich darf euch das Licht zeigen. Ich bin nicht der erhoffte Prophet, der erwartete Erlöser. Ich weise nur auf ihn, der schon ganz nahe ist, hin. Ich bin die Stimme in der Wüste, die euch zuruft: Bereitet dem Herrn den Weg, Er ist im Kommen. Auf Ihn kommt es an, nicht auf mich. Meine Aufgabe ist es, euch auf Ihn vorzubereiten. Es geht nicht um mich, sondern um Ihn. Er ist wichtig, Ihn braucht die Welt, Ihm will ich den Weg zu den Herzen der Menschen bereiten.

Einmal hat Johannes gesagt: „Er muss wachsen, ich muss abnehmen" (Joh 3,30). Seine Freude war es, nicht selbst der Mittelpunkt zu sein: „Mitten unter euch steht der, der nach mir kommt. Ich bin nicht würdig, ihm die Schuhbänder zu öffnen." Über seine Nähe freut er sich.

Es gibt eine ganz einfache Methode, wie wir die Freude des Advents einüben können. Ich habe sie selbst oft erprobt. Sie bewährt sich immer. Statt mich selbst wichtig zu machen, statt meine Leistungen, Verdienste zu unterstreichen, versuche ich, andere hervorzuheben, sie in die Mitte zu rücken, von ihnen Positives zu sagen. Es zeigt sich mir immer wieder, dass das Freude macht, ein gutes Klima schafft. Es hilft mir, weniger um mich selbst zu kreisen, die anderen besser wahrzunehmen, und das bringt Freude.

„Nicht ich bin es", auf Ihn kommt es an, auf Jesus, den Herrn, der nahe ist. Wenn ich die anderen mehr gelten lasse, weniger mich und mehr sie in die Mitte rücke, dann kommt fast von selbst auch Jesus mir näher – und mit Ihm die Freude.

4. Adventsonntag

Lukasevangelium 1,26–38

²⁶ Im sechsten Monat wurde der Engel Gabriel von Gott in eine Stadt in Galiläa namens Nazaret
²⁷ zu einer Jungfrau gesandt. Sie war mit einem Mann namens Josef verlobt, der aus dem Haus David stammte. Der Name der Jungfrau war Maria.
²⁸ Der Engel trat bei ihr ein und sagte: Sei gegrüßt, du Begnadete, der Herr ist mit dir.
²⁹ Sie erschrak über die Anrede und überlegte, was dieser Gruß zu bedeuten habe.
³⁰ Da sagte der Engel zu ihr: Fürchte dich nicht, Maria; denn du hast bei Gott Gnade gefunden.
³¹ Du wirst ein Kind empfangen, einen Sohn wirst du gebären: dem sollst du den Namen Jesus geben.
³² Er wird groß sein und Sohn des Höchsten genannt werden. Gott, der Herr, wird ihm den Thron seines Vaters David geben.
³³ Er wird über das Haus Jakob in Ewigkeit herrschen, und seine Herrschaft wird kein Ende haben.
³⁴ Maria sagte zu dem Engel: Wie soll das geschehen, da ich keinen Mann erkenne?
³⁵ Der Engel antwortete ihr: Der Heilige Geist wird über dich kommen, und die Kraft des Höchsten wird dich überschatten. Deshalb wird auch das Kind heilig und Sohn Gottes genannt werden.
³⁶ Auch Elisabet, deine Verwandte, hat noch in ihrem Alter einen Sohn empfangen; obwohl sie als unfruchtbar galt, ist sie jetzt schon im sechsten Monat.
³⁷ Denn für Gott ist nichts unmöglich.
³⁸ Da sagte Maria: Ich bin die Magd des Herrn; mir geschehe, wie du es gesagt hast. Danach verließ sie der Engel.

Margret Bilger
Mariä Verkündigung
Holzschnitt/Seidenpapier, sign. | 46,5 x 37,5 (Stock), 60,5 x 45 | OM 89 | MB 25

Auch wenn Maria erschrickt und gleich ahnt, dass Großes und Schweres auf sie zukommt, ist dennoch Freiraum für ihre Fragen und Bedenken: „Wie soll das geschehen?" Der Bote Gottes gibt ihr Erklärungen und ermutigende Hinweise. Das Ja-Wort, das er für Gott von ihr einzuholen kommt, soll völlig frei sein.

Wende der Weltgeschichte

Künstler haben seit Jahrhunderten immer neu versucht, diesen Augenblick ins Bild zu bringen: Der Engel tritt ein in das Haus, in das Zimmer, in dem Maria ist. Das Bild kann Worte nicht weitergeben. Doch spricht der Engel zu der jungen Frau, die ausdrücklich als Jungfrau bezeichnet wird: „Sei gegrüßt, du Begnadete." Das Bild drückt die Worte durch Gesten aus. Der Engel ist in seiner ganzen Körperhaltung ein Gruß.

„Sie erschrak über die Anrede und überlegte, was dieser Gruß zu bedeuten habe." Beides versuchen die Künstler auszudrücken: ihr Erschrecken und ihr Nachdenken. Ihr Blick, die Haltung ihrer Hände und ihres Körpers versuchen zu bezeichnen, was in ihrem Inneren vorgeht. Wie viele künstlerische Meisterwerke hat die Meditation dieser Szene hervorgebracht! Es ist ja auch der Wendepunkt im großen Drama der Menschheitsgeschichte. Gott wendet den Lauf der Geschichte zum Guten. Es ist seine Initiative: „Im sechsten Monat (der Schwangerschaft der Elisabeth mit Johannes, dem künftigen Täufer) wurde der Engel Gabriel von Gott in eine Stadt in Galiläa namens Nazaret zu einer Jungfrau gesandt." Gott greift ein. Seine souveräne Tat ist es, den Zeitpunkt, den Erdteil, das Land, den Ort, die Person zu wählen. Seine Wahl ist völlig frei. Aber sie ist nicht willkürlich. Seit Jahrhunderten hat Er diesen Augenblick vorbereitet. Die ganze lange Geschichte des Volkes, das Er sich frei erwählt hat, läuft auf diesen Moment zu.

Gott ist wirklich der Herr der Geschichte. Alles fing an, als Er Abraham erwählte – fast 2000 Jahre zuvor. Aus seiner Nachkommenschaft entstand das jüdische Volk, das Gott in besonderer Weise zu seinem Volk gemacht hat. Auf langen, mühevollen Wegen ist es seinen einzigartigen Weg gegangen, klein und unbedeutend unter all den großen Völkern der Erde, und doch hat Gott es zum Träger der Hoffnung der Welt gemacht. Durch viele Irrwege gedemütigt, durch Prüfungen geläutert, von Propheten belehrt und auf den rechten Weg gebracht, hat dieses Volk, dem Gottes erste Liebe gehört, den Augenblick erreicht, auf den es seit Langem vorbereitet wurde.

„Als die Fülle der Zeit kam", so nennt Paulus den Augenblick, den das Evangelium heute betrachtet. Die Zeit ist reif. Die Stunde ist da. Gottes große Tat kann beginnen: Er sendet Seinen Sohn. Dazu hat er Maria in Nazaret aus allen Menschen auserwählt.

Es ist Seine souveräne Wahl, aber nicht ohne die menschliche Freiheit. Der Engel überfällt Maria nicht. Auch wenn sie erschrickt und gleich ahnt, dass Großes und Schweres auf sie zukommt, ist dennoch Freiraum für ihre Fragen und Bedenken: „Wie soll das geschehen?" Der Bote Gottes gibt ihr Erklärungen und ermutigende Hinweise. Das Ja-Wort, das er für Gott von ihr einzuholen kommt, soll völlig frei sein. Ohne Zwang, in freier Zustimmung, spricht Maria schließlich das entscheidende Wort: „Mir geschehe, wie du es gesagt hast." In diesem Augenblick vollzieht sich das größte Ereignis der Weltgeschichte: Gottes Sohn wird Mensch. Jesus ist sein Name.

In der Heiligen Nacht

**Lukasevangelium
2,1–14**

1 In jenen Tagen erließ Kaiser Augustus den Befehl, alle Bewohner des Reiches in Steuerlisten einzutragen.

2 Dies geschah zum ersten Mal; damals war Quirinius Statthalter von Syrien.

3 Da ging jeder in seine Stadt, um sich eintragen zu lassen.

4 So zog auch Josef von der Stadt Nazaret in Galiläa hinauf nach Judäa in die Stadt Davids, die Betlehem heißt; denn er war aus dem Haus und Geschlecht Davids.

5 Er wollte sich eintragen lassen mit Maria, seiner Verlobten, die ein Kind erwartete.

6 Als sie dort waren, kam für Maria die Zeit ihrer Niederkunft,

7 und sie gebar ihren Sohn, den Erstgeborenen. Sie wickelte ihn in Windeln und legte ihn in eine Krippe, weil in der Herberge kein Platz für sie war.

8 In jener Gegend lagerten Hirten auf freiem Feld und hielten Nachtwache bei ihrer Herde.

9 Da trat der Engel des Herrn zu ihnen, und der Glanz des Herrn umstrahlte sie. Sie fürchteten sich sehr,

10 der Engel aber sagte zu ihnen: Fürchtet euch nicht, denn ich verkünde euch eine große Freude, die dem ganzen Volk zuteil werden soll:

11 Heute ist euch in der Stadt Davids der Retter geboren; er ist der Messias, der Herr.

12 Und das soll euch als Zeichen dienen: Ihr werdet ein Kind finden, das, in Windeln gewickelt, in einer Krippe liegt.

13 Und plötzlich war bei dem Engel ein großes himmlisches Heer, das Gott lobte und sprach:

14 Verherrlicht ist Gott in der Höhe, und auf Erden ist Friede bei den Menschen seiner Gnade.

**Marc Chagall
Die Schwangere
Lithographie | sign., m. Blei.
bez.: „Dir und Wilma,
Weihnachten 22, OM"
40,3 x 27,7 | OM 270 | VI/89**

Die Hirten machten sich auf den Weg und fanden „Maria und Josef und das Kind, das in der Krippe lag". Sie sahen nur armselige Not und ein Neugeborenes. Keine Engel, keinen Himmelsglanz. Aber sie erzählten davon und was sie über das Kind gehört hatten. Und sie glaubten: Dieses arme Kind ist die große Verheißung, die Hoffnung der Welt.

Schwierige Weihnachten

Schon der erste Heilige Abend war schwierig. Hören wir, was der heilige Lukas über eben diesen Abend, diese „hochheilige Nacht" sagt, die jedes Jahr zu Weihnachten wieder neu gefeiert wird.

Es war alles eher als gemütlich. Zuerst eine beschwerliche Reise von Nazareth bis Bethlehem, auf mühsamen und gefährlichen Straßen, zu Fuß, bestenfalls mit einem Esel. Maria hochschwanger. Man war nicht wohlhabend, konnte sich keinen Luxus, keine Reiseerleichterungen leisten. Dann die Herbergssuche in Bethlehem: kein Platz für das Paar, ein primitives Quartier in einem der Ställe, die in den zahlreichen Höhlen rund um Bethlehem untergebracht waren. Als Bettchen diente dem Neugeborenen der Futtertrog.

Wer sich schwer tut, den Heiligen Abend zu feiern, mag Trost darin finden, dass auch Maria und Josef mit dieser Nacht, die uns so heilig ist, ihre Not hatten. Sie können sicher mitfühlen mit denen, die zu Weihnachten lieber zu Hause wären als im Gefängnis, lieber bei ihrer Familie als in einem fremden Land als Arbeitssuchende oder Flüchtlinge. Sicher sind Maria und Joseph denen besonders nahe, die heuer einen lieben Menschen verloren haben und zum ersten Mal Weihnachten ohne ihn feiern. Ich glaube auch, dass das heilige Paar in dieser für sie so schweren Nacht auch ganz besonders denen nahe ist, die heuer nicht als Paar feiern, weil ihre Ehe, ihre Beziehung zerbrochen ist. Und die, die Weihnachten in Streit und Unfrieden feiern, oder eben nicht feiern können, weil keine Freude aufkommt? Vielleicht tröstet es sie, an die Kälte der Winternacht in Bethlehem zu denken, an die bittere Not der Heiligen Familie.

Vielleicht geschieht dann für alle, die mit dem Heiligen Abend ihre Not haben, etwas Ungewohntes, was zum ersten Mal damals in Bethlehem geschah und seither in immer neuer Weise auch in unseren schwierigen Weihnachten geschieht.

Mir ist erst vor Kurzem richtig bewusst aufgefallen, dass im Höhlenstall von Bethlehem keine Engel erschienen sind, obwohl sie oft auf unseren Krippen dargestellt werden. Nicht im

Stall, sondern auf dem Feld sind sie erschienen. Nicht Maria und Joseph, sondern die Hirten sahen die Engelscharen und hörten ihr „Ehre sei Gott ..."

Die Hirten - auch sie waren arm wie das Paar im Stall - hielten Nachtwache bei ihren Herden. Ein strahlender Engel sagte ihnen, was in dieser Nacht Großes geschehen war, ganz in ihrer Nähe: Ein Kind kam zur Welt, und dieses Kind ist der Retter, der Messias, Christus, der ersehnte Erlöser.

Sie machten sich auf den Weg und fanden „Maria und Josef und das Kind, das in der Krippe lag". Sie sahen nur armselige Not und ein Neugeborenes. Keine Engel, keinen Himmelsglanz. Aber sie erzählten davon und was sie über das Kind gehört hatten. Und sie glaubten: Dieses arme Kind ist die große Verheißung, die Hoffnung der Welt.

Ich wünsche uns allen solche „Hirten", die uns in schwieriger Weihnacht sagen: Schau, auch mitten in deiner Not leuchtet das Licht der Hoffnung. Christus kommt gerade dorthin, wo die Not besonders drückt. So kann ein mühsames Weihnachten doch noch zum Fest stiller Freude werden.

Weihnachten am Tag

Johannesevangelium 1,1–18

¹ Im Anfang war das Wort, und das Wort war bei Gott, und das Wort war Gott.
² Im Anfang war es bei Gott.
³ Alles ist durch das Wort geworden, und ohne das Wort wurde nichts, was geworden ist.
⁴ In ihm war das Leben, und das Leben war das Licht der Menschen.
⁵ Und das Licht leuchtet in der Finsternis, und die Finsternis hat es nicht erfasst.
⁶ Es trat ein Mensch auf, der von Gott gesandt war; sein Name war Johannes.
⁷ Er kam als Zeuge, um Zeugnis abzulegen für das Licht, damit alle durch ihn zum Glauben kommen.
⁸ Er war nicht selbst das Licht, er sollte nur Zeugnis ablegen für das Licht.
⁹ Das wahre Licht, das jeden Menschen erleuchtet, kam in die Welt.
¹⁰ Er war in der Welt, und die Welt ist durch ihn geworden, aber die Welt erkannte ihn nicht.
¹¹ Er kam in sein Eigentum, aber die Seinen nahmen ihn nicht auf.
¹² Allen aber, die ihn aufnahmen, gab er Macht, Kinder Gottes zu werden, allen, die an seinen Namen glauben,
¹³ die nicht aus dem Blut, nicht aus dem Willen des Fleisches, nicht aus dem Willen des Mannes, sondern aus Gott geboren sind.
¹⁴ Und das Wort ist Fleisch geworden und hat unter uns gewohnt, und wir haben seine Herrlichkeit gesehen, die Herrlichkeit des einzigen Sohnes vom Vater, voll Gnade und Wahrheit.
¹⁵ Johannes legte Zeugnis für ihn ab und rief: Dieser war es, über den ich gesagt habe: Er, der nach mir kommt, ist mir voraus, weil er vor mir war.
¹⁶ Aus seiner Fülle haben wir alle empfangen, Gnade über Gnade.
¹⁷ Denn das Gesetz wurde durch Mose gegeben, die Gnade und die Wahrheit kamen durch Jesus Christus.
¹⁸ Niemand hat Gott je gesehen. Der Einzige, der Gott ist und am Herzen des Vaters ruht, er hat Kunde gebracht.

Yves Klein
Blaues Rechteck
Lithographie, verso m. Kugelschreiber bez.: Yves Klein, 116 rue d'Assas, Paris 6e.
15,5 x 10,5 | OM 793 | VIII/84

Feierlich klingen die ersten Worte des Johannesevangeliums. „Im Anfang schuf Gott Himmel und Erde", so beginnt die Bibel. „Im Anfang war das Wort", so beginnt Johannes sein Evangelium. Beide sprechen vom Anfang. Vom Anfang der Welt spricht das Buch Genesis. Vom Urbeginn vor allem Anfang spricht Johannes, vom Geheimnis Gottes.

Unbegreiflich nahe

Feierlich wie die ersten Worte der Bibel klingen heute die ersten Worte des Johannesevangeliums: „Im Anfang schuf Gott Himmel und Erde", so beginnt die Bibel (Gen 1,1). „Im Anfang war das Wort", so beginnt Johannes, der Lieblingsjünger Jesu, sein Evangelium. Beide sprechen vom Anfang. Vom Anfang der Welt spricht das Buch Genesis, das erste der Bibel. Vom Urbeginn, vor allem Anfang der Welt, spricht Johannes. Mit ihm dürfen wir ahnend und glaubend in das Urgeheimnis Gottes blicken. Wir können es nicht begreifen. „Niemand hat Gott je gesehen", sagt Johannes und wehrt so jeden Versuch ab, das Geheimnis Gottes verstehen zu wollen. Aber Johannes hat den gekannt und geliebt, der „Kunde gebracht hat", der als Einziger Gott wirklich „begriffen" hat, der deshalb auch als Einziger wahrhaft von Ihm sprechen kann.

Johannes war mit seinem Bruder Jakobus und ihrem Vater Zebedäus Fischer am See Genesareth gewesen. Dort hatte Jesus, der Mann aus Nazareth, sie eines Tages angesprochen. Sie sind mit ihm gegangen, haben ihn kennengelernt. Je näher sie ihm kamen, desto rätselhafter wurde er für sie. Wer war er? So einfach und doch so geheimnisvoll. So menschlich und doch ganz anders als die Menschen und als sie selbst. Wann haben sie begonnen, sein Geheimnis zu ahnen? Ich glaube, schon sehr früh, vielleicht noch undeutlich, wie im Gegenlicht. Spätestens nach seinem schrecklichen Tod, nach seiner Auferstehung, als er ihnen erschien, erkannte Johannes in aller Klarheit, was er dann in den Worten des heutigen Evangeliums festhielt.

Sein Meister kam nicht nur aus Nazareth. Er kam von Gott, ja, er war von Anfang an bei Gott, mehr noch, er war Gott. Diese Einsicht musste für Johannes und seine Freunde umwerfend gewesen sein. Jesus, sein geliebter Lehrer, war nicht nur ein wunderbarer Mensch, er war „das Wort", das ewig bei Gott ist, das selbst Gott ist. Johannes nennt ihn „den einzigen Sohn vom Vater, voll Gnade und Wahrheit".

Unsere jüdischen und muslimischen Freunde (oder Kritiker) sagen: Gott kann doch keinen Sohn haben. Er ist ja nicht ein Mensch. Gewiss, Er ist nicht ein Mensch, Er hat auch keinen Sohn, wie Menschen Söhne und Töchter haben. Aber Er ist nicht allein, einsam und nur für sich. „Im Anfang war das Wort ... bei Gott." Er ist nie ohne Wort und ohne Geist. Er ist Gemeinschaft und doch der Eine.

Zu begreifen ist das nicht. Es wäre auch für immer unbegreiflich und verborgen geblieben, wäre nicht das geschehen, was heute gefeiert wird. Johannes spricht davon in vertraut gewordenen Worten: „Und das Wort ist Fleisch geworden und hat unter uns gewohnt."

Gott wurde Mensch. Gottes Sohn wurde ein Menschenkind, geboren von Maria, Jesus mit Namen. „Das Wort ist Fleisch geworden." Dieses rätselhafte Wort will auf fast anstößige Weise klarmachen, dass Gottes Sohn wirklich in unser Fleisch und Blut gekommen ist, ganz Mensch unter uns Menschen.

Der Zimmermann aus Nazareth, dem Johannes nachgefolgt war, hatte sein Menschsein nicht vorgetäuscht. Aber Jesus, der Meister und Freund, trug in seiner Menschlichkeit ein Geheimnis, das ihn so einzigartig machte. Bis heute ist es das Fundament des christlichen Glaubens. Das Weihnachtsfest ist wohl der ergreifendste Ausdruck davon: Das „Christkind" ist Gottes ewiges Wort, sein Sohn. Es stimmt: Gott ist unbegreiflich. Ja, Er ist uns unbegreiflich nahe.

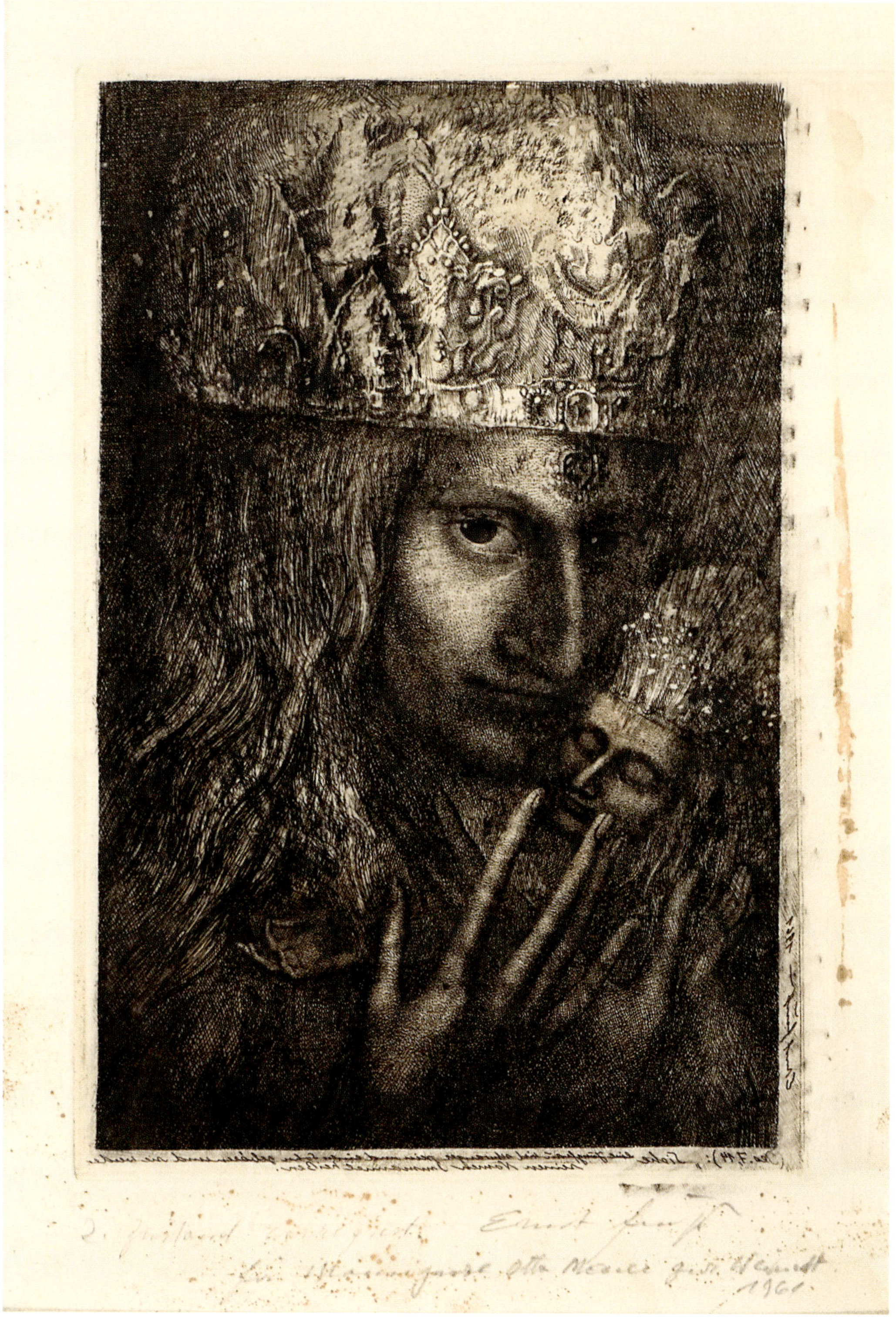

Hochfest der Gottesmutter Maria

Lukasevangelium 2,16–21

16 So eilten sie hin und fanden Maria und Josef und das Kind, das in der Krippe lag.
17 Als sie es sahen, erzählten sie, was ihnen über dieses Kind gesagt worden war.
18 Und alle, die es hörten, staunten über die Worte der Hirten.
19 Maria aber bewahrte alles, was geschehen war, in ihrem Herzen und dachte darüber nach.
20 Die Hirten kehrten zurück, rühmten Gott und priesen ihn für das, was sie gehört und gesehen hatten; denn alles war so gewesen, wie es ihnen gesagt worden war.
21 Als acht Tage vorüber waren und das Kind beschnitten werden sollte, gab man ihm den Namen Jesus, den der Engel genannt hatte, noch ehe das Kind im Schoß seiner Mutter empfangen wurde.

Ernst Fuchs
Madonna mit Kind
Radierung, Pl. sign. u. dat. 1961, beschr. m. Zit. aus Jos. 7/14, sign., bez.: 2. Zustand corrigiert | 22 x 15 (Pl.), 29 x 22,5 | OM 561 | VII/31

Marias Haltung kann Leitstern für das ganze Jahr sein: „Sie bewahrte alles, was geschehen war, in ihrem Herzen und dachte darüber nach." Nicht viele Worte, kein „Zerreden" und „Zergrübeln", sondern im Herzen erwägen, was da geschehen ist und was es bedeutet.

Wegweiser ins neue Jahr

Die Hirten waren die ersten bei der Krippe. Sie sind auch die ersten, auf die unser Blick, am ersten Tag des neuen Jahres fällt. Was haben die ersten Zeugen der Geburt Christi zu sagen? Warum wurden gerade sie gerufen, vor allen anderen Menschen den Erlöser zu kennen? Und warum sind sie diesem Ruf des Himmels gefolgt und nach Bethlehem geeilt?

Vielleicht half ihnen ihr Beruf dabei, für Gottes Ruf besonders offen zu sein. Hirten können sich nicht viel mit sich selbst beschäftigen. Sie müssen wachen und für ihre Herde da sein. Hirten sind Menschen, die gewohnt sind, sich um die ihnen Anvertrauten zu sorgen. Das macht sie offen. Sie nehmen wahr, was die anderen brauchen. Sie sind geübt, aufmerksame Zuwendung zu schenken. Sie geben Schutz und Geborgenheit, Sicherheit und Vertrauen.

So ist es kein Zufall, dass die Bibel das Bild vom Hirten besonders gerne gebraucht, um Gottes Fürsorge zu bezeichnen. „Der Herr ist mein Hirte, nichts wird mir fehlen", so heißt es im Psalm 23. Jesus selbst wird sich als den „guten Hirten" bezeichnen (Joh 10,11) und damit zum Ausdruck bringen, wie sehr er sorgend und helfend für die Menschen da ist.

Das Evangelium von den Hirten zeigt Wunsch und Sehnsucht an für das Jahr, das neu beginnt: Mögen uns Menschen begegnen, die wirkliche Hirten sind, sorgsam auf die anderen bedacht, nicht um sich selbst kreisend, nur auf sich schauend. Mögen wir selbst Hirten für andere sein. Wie sehr brauchen wir alle solche Menschen, in Familie, Gesellschaft, Politik und Wirtschaft – und auch in der Kirche.

Die Hirten auf dem Feld bei Bethlehem haben die himmlische Botschaft empfangen. Konnte Gott mit Seinen Engeln deshalb zu ihnen sprechen, weil sie offen waren? Zum selbstverschlossenen Menschen dringt Gottes Botschaft nicht durch. Wer Auge, Ohr und Herz für die anderen hat, zu dem kann auch Gott sprechen, über dem ist der Himmel offen.

So ist mein Wunsch zum neuen Jahr, dass es uns offen finde für die Wegweisung und das Licht von oben. Die Hirten erhielten von den Engeln die Nachricht, wo sie die Erfüllung ihrer

Sehnsucht finden können. So kamen sie und „fanden Maria und Josef und das Kind, das in der Krippe lag" – äußerlich gesehen keine Sensation, kein königlicher Glanz. Auch heute noch kann das Evangelium den Menschen nichts Aufregendes, Außerordentliches anbieten. Wie die Hirten werden auch wir zum ganz Einfachen, zum Schlichten hingeführt. Dort lässt Gott sich finden. Auch das ist Orientierung für das neue Jahr.

Schließlich richtet das Evangelium unseren Blick auf Maria. Ihre Haltung kann Leitstern für das ganze Jahr sein: „Sie bewahrte alles, was geschehen war, in ihrem Herzen und dachte darüber nach." Nicht viele Worte, kein „Zerreden" und „Zergrübeln", sondern im Herzen erwägen, was da geschehen ist und was es bedeutet.

Maria ist Vorbild für die „Innerlichkeit", die unserer so äußerlichen Zeit Not tut. Was will Gott mir durch die Ereignisse sagen? Seine Wege anzunehmen und zu ahnen, was Er uns schenken will, das braucht Stille, Nachdenken, Gebet … und Zeit.

Die Hirten und Maria: Sie sind Wegweiser, wie das neue Jahr ein gutes werden kann.

Erscheinung des Herrn

Matthäusevangelium
2,1–12

¹ Als Jesus zur Zeit des Königs Herodes in Betlehem in Judäa geboren worden war, kamen Sterndeuter aus dem Osten nach Jerusalem
² und fragten: Wo ist der neugeborene König der Juden? Wir haben seinen Stern aufgehen sehen und sind gekommen, um ihm zu huldigen.
³ Als König Herodes das hörte, erschrak er und mit ihm ganz Jerusalem.
⁴ Er ließ alle Hohenpriester und Schriftgelehrten des Volkes zusammenkommen und erkundigte sich bei ihnen, wo der Messias geboren werden solle.
⁵ Sie antworteten ihm: In Betlehem in Judäa; denn so steht es bei dem Propheten:
⁶ Du, Betlehem im Gebiet von Juda, bist keineswegs die unbedeutendste unter den führenden Städten von Juda; denn aus dir wird ein Fürst hervorgehen, der Hirt meines Volkes Israel.
⁷ Danach rief Herodes die Sterndeuter heimlich zu sich und ließ sich von ihnen genau sagen, wann der Stern erschienen war.
⁸ Dann schickte er sie nach Betlehem und sagte: Geht und forscht sorgfältig nach, wo das Kind ist; und wenn ihr es gefunden habt, berichtet mir, damit auch ich hingehe und ihm huldige.
⁹ Nach diesen Worten des Königs machten sie sich auf den Weg. Und der Stern, den sie hatten aufgehen sehen, zog vor ihnen her bis zu dem Ort, wo das Kind war; dort blieb er stehen.
¹⁰ Als sie den Stern sahen, wurden sie von sehr großer Freude erfüllt.
¹¹ Sie gingen in das Haus und sahen das Kind und Maria, seine Mutter; da fielen sie nieder und huldigten ihm. Dann holten sie ihre Schätze hervor und brachten ihm Gold, Weihrauch und Myrrhe als Gaben dar.
¹² Weil ihnen aber im Traum geboten wurde, nicht zu Herodes zurückzukehren, zogen sie auf einem anderen Weg heim in ihr Land.

Arnulf Rainer
o.T.
Zentralgestaltung, schw.
T. u. Aqu. | bez. „TRR…"
57 x 70,7 | OM 1543 | III G/120

Die Weisen waren Suchende, hervorragende Naturkenner, gelehrte Wissenschaftler. Aber sie suchten mehr als nur Wissen. Sie wollten den finden, der hinter all den Wundern des Himmels und der Erde steht. Ein Stern wird für sie zum Wegweiser. Eine besondere Himmelskonstellation genügte, um sie zum Aufbruch zu bewegen.

Gekommen, um anzubeten

Der Weltjugendtag in Köln im August 2005 bleibt für viele unvergesslich. Jugendliche aus aller Welt haben sich aufgemacht, um nach Köln zu pilgern. Motto der Wallfahrt war „Wir sind gekommen, um Ihn anzubeten." Ursprung des Mottos ist das heutige Evangelium. Weise, „Magier" (so nennt sie die Bibel und meint damit Sterndeuter) aus dem Osten, kommen nach Jerusalem und suchen „den neugeborenen König der Juden". Wie sind sie auf seine Spur gekommen? „Wir haben Seinen Stern aufgehen sehen und sind gekommen, um Ihm zu huldigen", Ihn „anzubeten" (so muss man genauer übersetzen).

Ziel der Wallfahrt der Jugendlichen war der Kölner Dom. Dort werden seit 1164 die Gebeine der „Heiligen Drei Könige" verehrt. Historiker mögen prüfen, ob das Legende ist. Tatsache ist, dass der kostbare Schrein, der die Gebeine enthält, ein unvorstellbarer Anziehungspunkt für die Pilgerscharen des Mittelalters war. Der gewaltige Dom sollte das weithin sichtbare „Schatzhaus" werden, das den hoch verehrten Reliquienschrein enthält. Zwar wurde der Dom erst im 19. Jahrhundert vollendet, der Verehrung der „Heiligen Drei Könige" tat dies aber keinen Abbruch.

An den „Weisen aus dem Morgenland" Maß nehmen für einen neuen Aufbruch. Viele sind auf der Suche. Die Weisen waren Suchende, hervorragende Naturkenner, gelehrte Wissenschaftler. Aber sie suchten mehr als nur Wissen. Sie wollten den finden, der hinter all den Wundern des Himmels und der Erde steht. Ein Stern wird für sie zum Wegweiser. Eine besondere Himmelskonstellation genügte, um sie zum Aufbruch zu bewegen. Ich wundere mich immer, dass wir Menschen heute nicht um vieles mehr Gott suchen. Noch keine Zeit der Menschheitsgeschichte wusste so unglaublich viel über die Geheimnisse der Natur: über die Atome und ihre Elementarteilchen, die unermesslichen Weiten des Universums, über die Entschlüsselung der Baupläne allen Lebens, des genetischen Codes. Wir hätten viel mehr Grund, den zu suchen, der das alles gemacht hat und dessen Weisheit wir nur anbeten können.

Die Weisen kommen ach Jerusalem. Die weltliche Macht erschrickt, fürchtet sich vor dem Neugeborenen, den die Weisen suchen. Er ist nicht zu fürchten. Er raubt keinem die Macht, ist keinem Konkurrent. Seine Herrschaft braucht niemand zu fürchten, der das Gute sucht. Nur die Tyrannen haben zu allen Zeiten diesen „neugeborenen König" gefürchtet, weil er sie daran erinnert, dass alle Macht zum Dienen da ist, nicht zum Herrschen und Unterdrücken.

Die Million junger Menschen, die nach Köln gepilgert ist, war vor allem von diesem Einen angezogen, der auch nach zweitausend Jahren in suchenden Herzen die Sehnsucht weckt, ihn zu finden. „Sie gingen in das Haus und sahen das Kind und Maria, seine Mutter." Für mich war der eindrucksvollste Moment des Weltjugendtages in Köln, als eine Million Teilnehmer an der nächtlichen Vigilfeier still wurden und den anbeteten, der in der demütigen Brotgestalt gegenwärtig war.

Von den Weisen aus dem Osten heißt es, sie seien „von sehr großer Freude erfüllt" gewesen, als sie den Stern wieder sahen, der sie nach Bethlehem wies. Ich glaube, viele der jungen Leute haben in Köln etwas von dieser großen Freude erfahren und sind anders heimgekehrt - im Glauben gestärkt und voller Hoffnung.

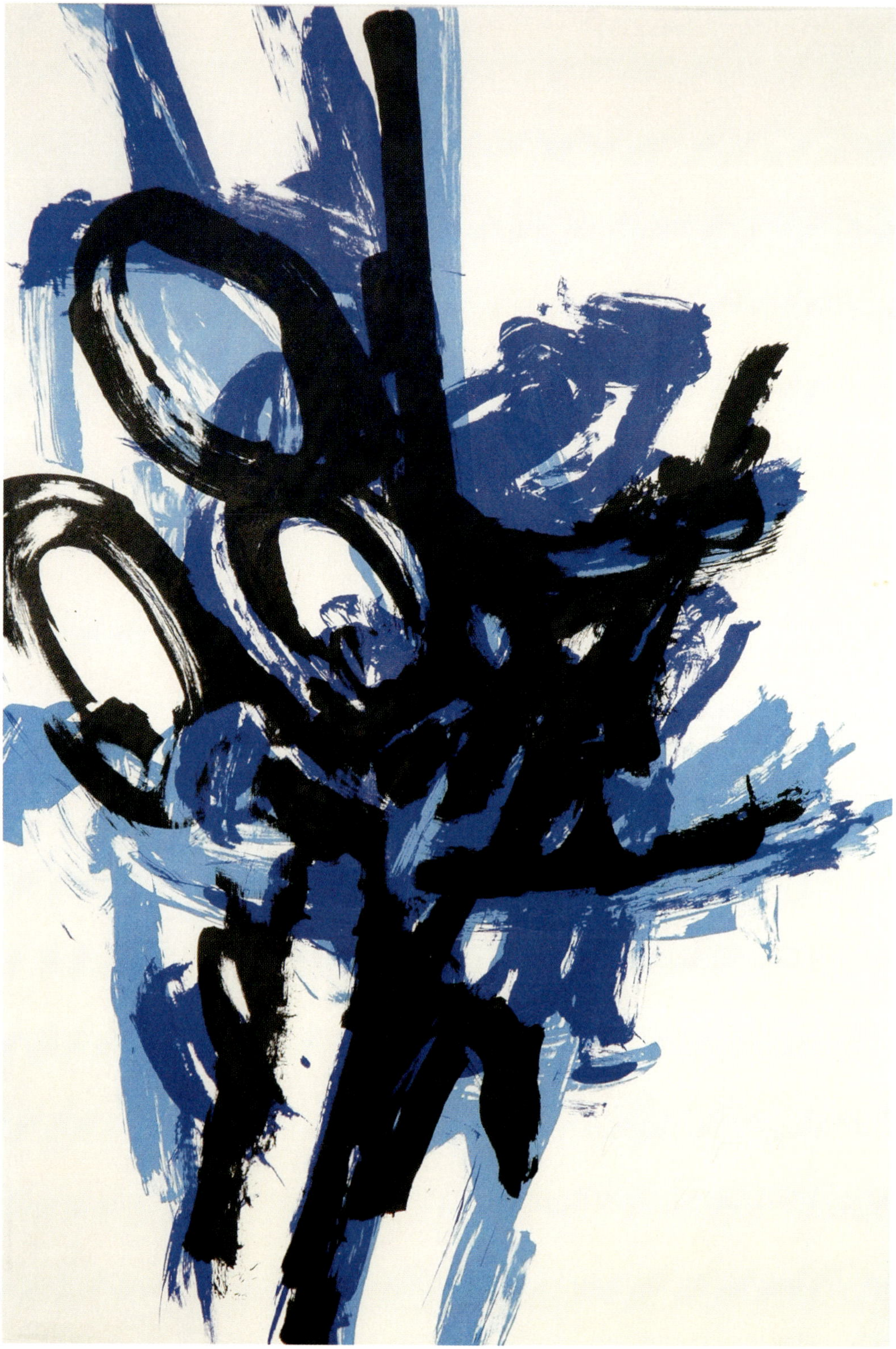

Taufe des Herrn

Markusevangelium
1,7–11

⁷ Er verkündete: Nach mir kommt einer, der ist stärker als ich; ich bin es nicht wert, mich zu bücken, um ihm die Schuhe aufzuschnüren.
⁸ Ich habe euch nur mit Wasser getauft, er aber wird euch mit dem Heiligen Geist taufen.
⁹ In jenen Tagen kam Jesus aus Nazaret in Galiläa und ließ sich von Johannes im Jordan taufen.
¹⁰ Und als er aus dem Wasser stieg, sah er, dass der Himmel sich öffnete und der Geist wie eine Taube auf ihn herabkam.
¹¹ Und eine Stimme aus dem Himmel sprach: Du bist mein geliebter Sohn, an dir habe ich Gefallen gefunden.

Peter Bischof
o.T.
Farblithographie, sign.
u. dat. 59 | num. 4/34
60,2 x 40,9 | OM 224 | V/62

Jesus hat sich nicht geschämt, mitten unter uns armen Sündern zu sein. Mehr noch: Er hat all den Dreck und all die Lasten der Sünden von uns Menschen auf sich genommen und im Jordan versenkt. Getauft werden heißt, mit Jesus als geliebtes Kind seines Vaters aus dem Taufwasser aufzutauchen.

Du geliebtes Kind

Mit dem heutigen Fest der Taufe Jesu endet die Weihnachtszeit. Begonnen hat sie mit dem Fest der Geburt Jesu im Stall von Bethlehem. Zwischen beiden Ereignissen liegen dreißig Jahre. Wieso schließt der Weihnachtsfestkreis gerade mit der Taufe Jesu im Jordan?

Beide Feste, Weihnachten und Taufe Jesu, haben mit dem Anfang zu tun: In der Heiligen Nacht die Geburt des Menschenkindleins in Armut; in seiner Taufe im Jordan sozusagen „die Geburt" seines Auftrags, seiner Sendung. In Bethlehem beginnt das irdische Leben des Sohnes Gottes; mit der Taufe durch Johannes beginnt sein Wirken für das Himmelreich.

Ein doppelter Anfang, eine zweifache Geburt: Im Leben des Christen soll sich das widerspiegeln. Denn nach christlichem Verständnis ist die Taufe so etwas wie die zweite Geburt. Durch die natürliche Geburt beginnt unser sterbliches Pilgerleben auf dieser Welt. Durch die Taufe werden wir „wiedergeboren" aus dem Wasser und dem Heiligen Geist zum neuen, unzerstörbaren Leben der Kinder Gottes im Himmel.

Welchen Sinn hat die Taufe? Spüren die Getauften etwas von dieser „Wiedergeburt", vor allem wenn sie schon als kleine Kinder getauft worden sind?

Das heutige Fest kann helfen, den Sinn der Taufe besser zu verstehen. Was bewog Jesus, die Taufe des Johannes zu erbitten? Und was bedeutet sie für das Sakrament der Taufe? Als Johannes am Jordan zu taufen begann, kamen die Leute in Scharen, bewegt von seiner Bußpredigt, bereit, ihr Leben zu ändern. Johannes tauchte sie im Jordan unter, zum Zeichen der Reinigung von ihren Sünden, sagte aber klar und deutlich, dass dies nur eine Vorbereitung sei: „Ich habe euch nur mit Wasser getauft, (Christus) aber wird euch mit dem Heiligen Geist taufen". Wenn dieser Ritus nur vorläufig war, warum hat Jesus ihn dann für sich gewünscht? Was hatte er, der Gerechte und Sündenlose, unter all den armen Sündern verloren, die sich bei Johannes zum Empfang der Bußtaufe anstellten?

Von der Armut der Geburt in Bethlehem führt ein gerader Weg zur Taufe im Jordan.

Gottes Sohn kam in diese Welt, um seinen Platz bei den Armen und den Sündern zu suchen. Mitten unter ihnen will er sein, denn ihnen gilt in erster Linie die Liebe Gottes, die so in diese Welt zu bringen er kam. Also war es nur folgerichtig, dass er sein öffentliches Wirken mit dieser Geste begann. Er stellt sich selbst dorthin, wohin Gott ihn gesandt hat.

Was sagt das über den Sinn der christlichen Taufe? Ich sehe ihn in dem Wort der Himmelsstimme bei der Taufe Jesu: „Du bist mein geliebter Sohn, an dir habe ich Gefallen gefunden". Der ganze Sinn eines christlichen Lebensweges besteht darin, dass Gott auch zu mir sagen kann: „Du bist mein geliebtes Kind!"

Damit auch ich einmal diese „Himmelsstimme" hören kann, ist Jesus für mich zum Jordan gegangen, ist er für mich in Bethlehem arm geboren worden. Jesus hat sich nicht geschämt, mitten unter uns armen Sündern zu sein. Mehr noch: Er hat all den Dreck und all die Lasten der Sünden von uns Menschen auf sich genommen und im Jordan versenkt. Getauft werden heißt, mit Jesus als geliebtes Kind seines Vaters aus dem Taufwasser aufzutauchen.

Fastenzeit und Ostern

3/60   L. Zeist   Ernst Fuchs 1951

1. Fastensonntag

**Markusevangelium
1,12–15**

In jener Zeit
¹² trieb der Geist Jesus in die Wüste.
¹³ Dort blieb Jesus vierzig Tage lang und wurde vom Satan
in Versuchung geführt. Er lebte bei den wilden Tieren,
und die Engel dienten ihm.
¹⁴ Nachdem man Johannes ins Gefängnis geworfen hatte,
ging Jesus nach Galiläa; er verkündete das Evangelium Gottes
¹⁵ und sprach: Die Zeit ist erfüllt, das Reich Gottes ist nahe.
Kehrt um, und glaubt an das Evangelium!

Ernst Fuchs
**Der Anblick Gottes ist immer
mit einer Versuchung verbunden**
**Radierung (2. Zustand), sign. u.
dat. 1951, num. 3/60 | 30 x 15
(Pl.), 37,5 x 27,3 | OM 570 | VII/40**

Es gibt nur eine wirklich große Versuchung, und der wurde Jesus ausgesetzt: das Vertrauen in Gott zu verlieren. Das heißt, Gott gegenüber misstrauisch zu werden, zu glauben, „Er will mir nichts gönnen", „Er will mich strafen und verstoßen." Die größte Versuchung Jesu war es, zu vergessen, dass er Gott Vater nennen darf, weil Er es ist.

Die größte Versuchung

Immer wieder bekomme ich Briefe, die die Frage aufwerfen: „Wieso sollen wir beten ‚Und führe uns nicht in Versuchung'? Führt denn Gott den Menschen in Versuchung? Sollten wir nicht eher beten: ‚Bewahre uns vor Versuchungen'? Aber wer führt uns dann in Versuchung? Die anderen Menschen?" – Sicher ist das oft der Fall. Da bemüht sich einer, die Alkoholsucht zu überwinden, und die Kollegen lassen nicht locker, bis er doch wieder nur ein Gläschen trinkt – und schon ist der Rückfall da.

Aber ich kann mich auch selbst in Versuchung bringen, wenn ich der Gefahr nicht rechtzeitig ausweiche. Wir wissen alle um unsere Schwachpunkte und darum, dass wir sie meiden müssen, um nicht in eine Situation zu geraten, in der wir nicht die Kraft haben zu widerstehen. Deshalb heißt es in manchen Gebeten zur Beichte: „Ich will die Gelegenheit zur Sünde meiden."

Schließlich gibt es „den Versucher". Die Bibel spricht klar von ihm, und Jahrhunderte christlicher Lebenserfahrung wissen von ihm. Es gibt nicht nur das Böse, sondern den Bösen, und Jesus hat uns gelehrt, wir sollten beten: „Erlöse uns von dem Bösen." Mit ihm, dem Bösen, hat Jesus in den vierzig Tagen in der Wüste zu tun.

Am ersten Sonntag der vierzigtägigen Fastenzeit (in Erinnerung an Jesu Wüstenzeit) steht immer das Evangelium von der Versuchung Jesu. Worin bestand sie? Was konnte für ihn zur Versuchung werden? Markus spricht so knapp darüber, dass wir nichts Konkretes erfahren. Es heißt nur, er sei „vom Satan in Versuchung geführt" worden.

Was will der Teufel mit all seinen Verführungen? Nur eines: dass wir uns von Gott abwenden. Alles ist ihm recht, was uns von Gott wegführt. Das war seine Entscheidung, und zu ihr will er von Anfang an die Menschen verführen. Beim einen geht das über den Stolz, bei anderen über das Geld, die Macht, den Hochmut. Andere versucht er zur Verzweiflung zu bringen. Bei uns allen ist es die Versuchung zur Oberflächlichkeit, zur Zerstreuung, zum „Dahinleben" ohne viel Nachdenken. Da braucht der Versucher sich gar nicht besonders anzustrengen, unsere heutige Zeit mit ihrem Wirbel und Lärm, ihrem Fun und ihrem Geblödel bringt uns schon von selbst weit genug weg von Gott.

Aber das alles ist noch nicht die größte Versuchung. Sie besteht weder im Sex, der oft so armselig ist, noch im Geld, das auch nicht das große Glück bringt; weder in der Macht, die meist recht gering ist, noch im Erfolg, der vergeht. Alles das war auch nicht die Versuchung Jesu in der Wüste.

Es gibt nur eine wirklich große und arge Versuchung, und der wurde Jesus ausgesetzt: das Vertrauen in Gott zu verlieren. Das heißt, Gott gegenüber misstrauisch zu werden, zu glauben, „Er will mir nichts gönnen", „Er will mich strafen und verstoßen". Die größte Versuchung Jesu war es, zu vergessen, dass er Gott Vater nennen darf, weil Er es ist.

Jesus hat sein Vertrauen auf Gott, seinen Vater, nicht verloren. Wer Gott in allem vertraut, auch in der Wüste schwerer Zeiten, erlebt wie Jesus, dass die Welt erträglich wird, ja dass sie wieder schön wird, trotz allem Leid. Nach den vierzig Tagen in der wilden Wüste beginnt Jesus die Frohe Botschaft zu verkünden: Das Reich Gottes ist nahe. Gott ist nahe. Glaubt daran, vertraut darauf. Glaubt an Seine Liebe.

2. Fastensonntag

Markusevangelium
9,2–10

In jener Zeit
² nahm Jesus Petrus, Jakobus und Johannes beiseite und führte sie auf einen hohen Berg, aber nur sie allein. Und er wurde vor ihren Augen verwandelt;
³ seine Kleider wurden strahlend weiß, so weiß, wie sie auf Erden kein Bleicher machen kann.
⁴ Da erschien vor ihren Augen Elija und mit ihm Mose, und sie redeten mit Jesus.
⁵ Petrus sagte zu Jesus: Rabbi, es ist gut, dass wir hier sind. Wir wollen drei Hütten bauen, eine für dich, eine für Mose und eine für Elija.
⁶ Er wusste nämlich nicht, was er sagen sollte; denn sie waren vor Furcht ganz benommen.
⁷ Da kam eine Wolke und warf ihren Schatten auf sie, und aus der Wolke rief eine Stimme: Das ist mein geliebter Sohn, auf ihn sollt ihr hören.
⁸ Als sie dann um sich blickten, sahen sie auf einmal niemand mehr bei sich außer Jesus.
⁹ Während sie den Berg hinabstiegen, verbot er ihnen, irgendjemand zu erzählen, was sie gesehen hatten, bis der Menschensohn von den Toten auferstanden sei.
¹⁰ Dieses Wort beschäftigte sie, und sie fragten einander, was das sei: von den Toten auferstehen.

Arnulf Rainer
Berg und Wolke
MT./älterer Tiefdruck
(nicht identifizierbar), sign.
24,2 x 31 | OM 1548 | XI/65

Was hat Jesus ihnen in dieser „Taborstunde" voll unbeschreiblicher Freude gezeigt? Das Ziel des Weges. Dorthin ist er unterwegs. Heute wollen wir alles gleich haben. Glück, Schönheit, Erfolg – sofort. Das Leben tut es nicht so. Jesus ist nicht auf dem Tabor geblieben. Er stieg herab, er ging seinen Weg voll Leid, bis zum Kreuz.

Hier ist gut sein

Alte Gesichter können wunderschön sein. Nicht so wie in den Modezeitschriften, in der Kosmetikwerbung, wo jede Falte im Gesicht wie ein zu vertreibender Feind behandelt wird. Es gibt eine andere Schönheit, die Kosmetika nicht produzieren können. Wer ihr begegnet, vergisst sie nie mehr.

Bei einem Rumänienbesuch schenkte mir mein Verleger Sorin Dumitrescu einen Kalender mit zwölf Porträtfotos. Zwölf alte Männer, zwölf alte Mönche und Priester, Starzen, wie sie die Ostkirche nennt, „Alte", lebens- und glaubenserfahrene Weise. Ihre Gesichter sind von tiefen Furchen durchzogen. Das Leben hat sie in die einst jugendliche Haut eingegraben. Fast alle dieser zwölf Alten haben Jahre der Gefangenschaft, der kommunistischen Glaubensverfolgung gekannt. Und doch ist in diesen Gesichtern keine Spur von Bitterkeit, nichts von Enttäuschung, nichts „Verlebtes". Wohl aber viel Erfahrung, und noch mehr Güte, keine billige, sondern eine Güte, die um die menschliche Not weiß, um Schwächen, Versagen, um Feigheit und Verrat. All dem sind diese „Alten" in ihrem Leben begegnet, haben in sich selbst die Gefährdungen des Menschen erlebt. Die Güte, das Erbarmen, das Verständnis für die Menschen waren stärker.

Einen dieser zwölf Starzen habe ich noch persönlich in Bukarest kennengelernt. Seine Ausstrahlung war unwiderstehlich. Bei ihm war es gut sein. Das sah man an seiner Kirche, die voller junger Menschen war. Was ist das Geheimnis dieser „Alten"? Genau das, was das heutige Evangelium sagt: Sie sind Menschen, bei denen etwas geschehen ist wie damals bei Jesus am hohen Berg.

„Verklärung" nennt die Kirche diesen Vorgang. Was geschah? Am ersten Fastensonntag hörten wir das Evangelium von der Versuchung Jesu in der Wüste, durch vierzig Tage. Heute ist Jesus mit drei Aposteln alleine auf dem Berg. Vor ihren Augen verwandelt sich sein Aussehen. Überirdischer Lichtglanz geht von ihm aus. Petrus ist wie benommen vor Glück und Schreck. Er ist so selig, das zu erleben, dass er gleich hier bleiben will. Doch bald müssen sie wieder hinunter in die Tiefe, in die Mühsal des irdischen Weges.

Was hat Jesus ihnen in dieser „Taborstunde" voll unbeschreiblicher Freude gezeigt? Das Ziel des Weges. Dorthin ist er unterwegs. Dorthin will er auch uns führen. Unser ganzes Menschsein soll licht und strahlend werden. „Verklärung" ist der Sinn des menschlichen Lebensweges.

Heute wollen wir alles gleich haben. Glück, Schönheit, Erfolg – sofort. Das Leben tut es nicht so. Jesus ist nicht auf dem Tabor geblieben. Er stieg herab, er ging seinen Weg voll Leid, bis zum Kreuz. Nur so kam er zur Auferstehung. Die Verklärung war eine kurze Vorahnung vom glücklichen Ziel der Reise.

Die zwölf alten Männer haben das Ziel fast schon erreicht. Auf ihren alten Gesichtern leuchtet die Freude des Zieles. Das Leid hat sie nicht zerstört, sondern verklärt: Geduld und Liebe, und bei allem Ernst, ja einer gewissen Strenge, doch eine große Barmherzigkeit. „Verklärtes Menschsein" – das schönste Ziel für ein Leben. Vielleicht ist das der Grund, warum so viele in den orthodoxen Ländern ihre Starzen aufsuchen. Bei ihnen ist gut sein.

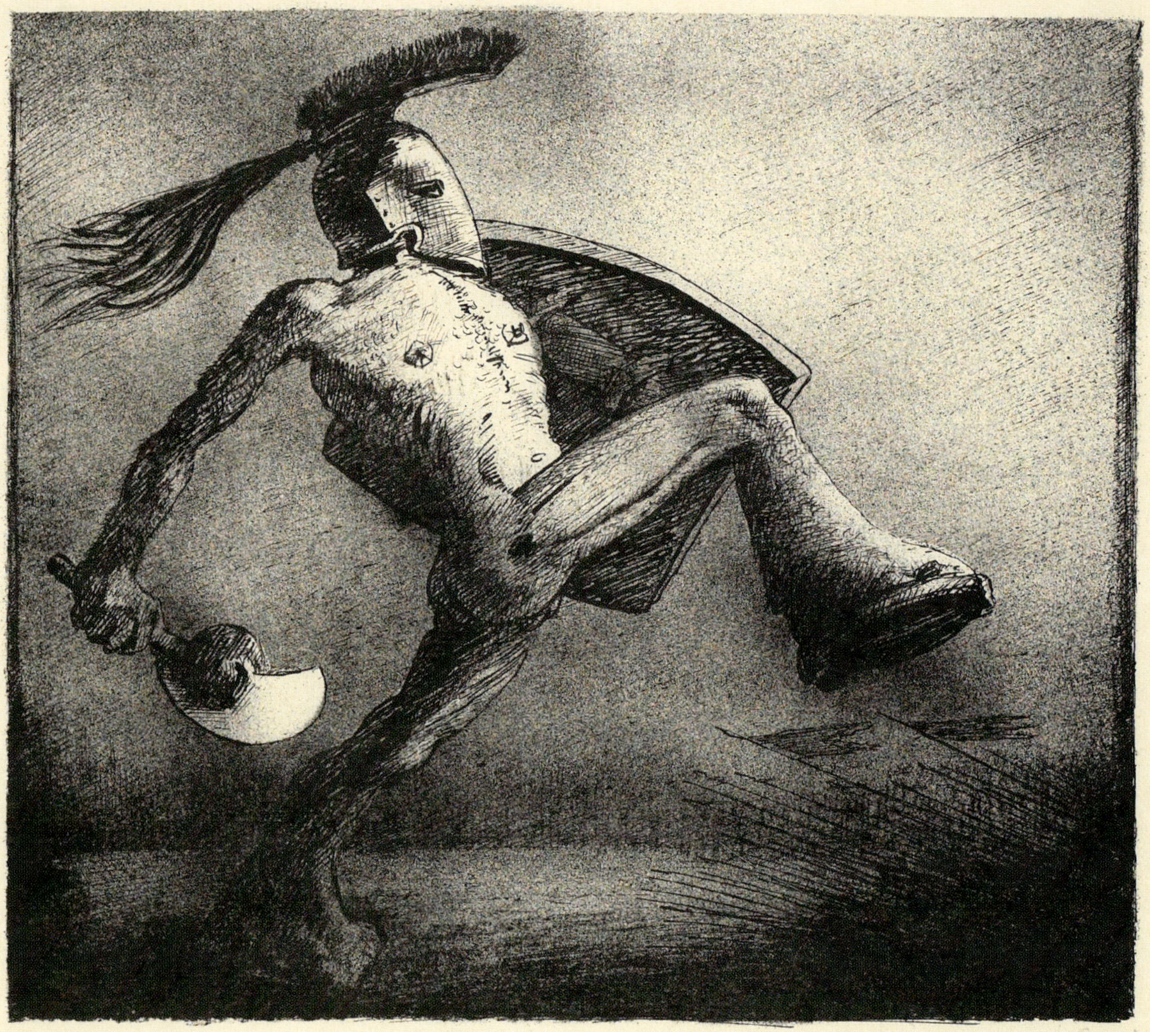

3. Fastensonntag

Johannesevangelium 2,13–25

¹³ Das Paschafest der Juden war nahe, und Jesus zog nach Jerusalem hinauf.
¹⁴ Im Tempel fand er die Verkäufer von Rindern, Schafen und Tauben und die Geldwechsler, die dort saßen.
¹⁵ Er machte eine Geißel aus Stricken und trieb sie alle aus dem Tempel hinaus, dazu die Schafe und Rinder; das Geld der Wechsler schüttete er aus, und ihre Tische stieß er um.
¹⁶ Zu den Taubenhändlern sagte er: Schafft das hier weg, macht das Haus meines Vaters nicht zu einer Markthalle!
¹⁷ Seine Jünger erinnerten sich an das Wort der Schrift: Der Eifer für dein Haus verzehrt mich.
¹⁸ Da stellten ihn die Juden zur Rede: Welches Zeichen lässt du uns sehen als Beweis, dass du dies tun darfst?
¹⁹ Jesus antwortete ihnen: Reißt diesen Tempel nieder, in drei Tagen werde ich ihn wieder aufrichten.
²⁰ Da sagten die Juden: Sechsundvierzig Jahre wurde an diesem Tempel gebaut, und du willst ihn in drei Tagen wieder aufrichten?
²¹ Er aber meinte den Tempel seines Leibes.
²² Als er von den Toten auferstanden war, erinnerten sich seine Jünger, dass er dies gesagt hatte, und sie glaubten der Schrift und dem Wort, das Jesus gesprochen hatte.
²³ Während er zum Paschafest in Jerusalem war, kamen viele zum Glauben an seinen Namen, als sie die Zeichen sahen, die er tat.
²⁴ Jesus aber vertraute sich ihnen nicht an, denn er kannte sie alle
²⁵ und brauchte von keinem ein Zeugnis über den Menschen; denn er wusste, was im Menschen ist.

Alfred Kubin
Der Krieg
Feder-Kreide-Lithografie,
1903 | 35,5 x 43,7 | aus der
„Hans von Weber Mappe"
OM AS 18/9

Gewalt übt nicht die Religion aus, sondern die Geschäftemacherei. Um Macht und Geld werden die Kriege geführt, und die Religion wird oft zu diesem Zweck missbraucht. Jesus hat nicht zum Krieg aufgerufen, sondern zur Umkehr. Jesus hat nicht zum Schwert gegriffen, sondern zum Kreuz. Er hat es selber getragen und nicht anderen aufgeladen.

Ist Religion gewalttätig?

War Jesus gewalttätig? Die Tempelreinigung war eine recht handfeste Aktion. Empört über das Geschäftstreiben im Heiligtum des Tempels in Jerusalem knüpft Jesus aus Stricken eine Geißel und beginnt, die Händler aus dem Tempel hinauszutreiben. Er stürzt die Tische der Geldwechsler um. „Heiliger Zorn" hat ihn gepackt. Die Geschäftemacherei im Tempel ist ihm unerträglich.

Hat Jesus also doch nicht vor Gewaltanwendung zurückgeschreckt? Ist das Christentum von seiner Wurzel her doch nicht friedfertig? Wenn sein Gründer mit Gewaltaktionen seine religiösen Überzeugungen durchzusetzen versucht hat, was Wunder, wenn seine Jünger es ihm nachgemacht haben. Neben so vielem Guten gibt es in der Geschichte des Christentums leider auch viel Gewalt: gewaltsame Missionierung ganzer Völker, Religionskriege zwischen Christen, zwischen Christen und anderen Religionen, besonders dem Islam.

So fehlt es heute nicht an Stimmen, die behaupten, Religionen seien besonders für Gewalt anfällig. Wer feste religiöse Überzeugungen hat, sei in Gefahr, sie anderen aufzunötigen, und falls dies nicht friedlich gehe, greife man leicht zur gewalttätigen „Bekehrung" der anderen.

Stimmt das? Sind Religionen ihrer Natur nach intolerant und gewalttätig? Vom Islam behaupten das viele. Ist das berechtigt? Auch der Buddhismus, der als ganz friedlich gilt, kann manchmal ein gewaltbereites Gesicht zeigen, etwa in Sri Lanka. Der Hinduismus kennt zur Zeit schlimme Gewaltausbrüche in Indien.

Oder liegt das einfach daran, dass wir alle, als Menschen, eine Neigung zur Gewalt in uns tragen, die unter bestimmten Umständen ausbrechen kann? Dann lautet die Frage: Fördert die Religion den bösen Hang in uns Menschen, mit Gewalt zuzuschlagen? Ich kenne die anderen Religionen zu wenig. Vom christlichen Glauben gilt das, so meine ich, nicht.

Die „Tempelreinigung" war die einzige Gewaltanwendung, die wir von Jesus kennen. Sehen wir sie uns das nüchtern an. Jesus hat keine Waffen (die waren im Tempel verboten). Er „kämpft" allein, ausgerüstet nur mit einer

Strickgeißel. Beim jüdischen Osterfest waren über 100.000 Pilger in Jerusalem. Tausende Schafe wurden für das Ostermahl zum Kauf angeboten. Die Aktion Jesu hat sie sicher nicht alle aus dem großen Vorhof des Tempels verjagen können. In dem unbeschreiblichen Treiben, das im Tempel herrschte, blieb seine Aktion weitgehend unbemerkt.

Was wollte Jesus damit? Sicher keinen Krieg, keine Revolution, keinen Massenaufstand gegen die Römer. Jesus hat ein Zeichen gesetzt. „Macht das Haus meines Vaters nicht zu einer Markthalle". Er hat sich dagegen gewehrt, dass alles zum Geschäft wird, selbst das Heiligste, der Tempel Gottes.

Gewalt übt die Geschäftemacherei aus. Die Kriege werden um Macht und Geld geführt, die Religion wird oft zu diesem Zweck missbraucht. Jesus hat nicht zum Krieg aufgerufen, sondern zur Umkehr. Dafür hat er Gewalt erlitten. Dafür ist er bereit gewesen, sein Leben zu geben. Jesus hat nicht zum Schwert gegriffen, sondern zum Kreuz. Er hat es selber getragen und nicht anderen aufgeladen. Dieser Weg hat Frieden gebracht. Wenn wir ihn heute gehen, wird es Frieden geben, nicht Terror, Krieg und Gewalt.

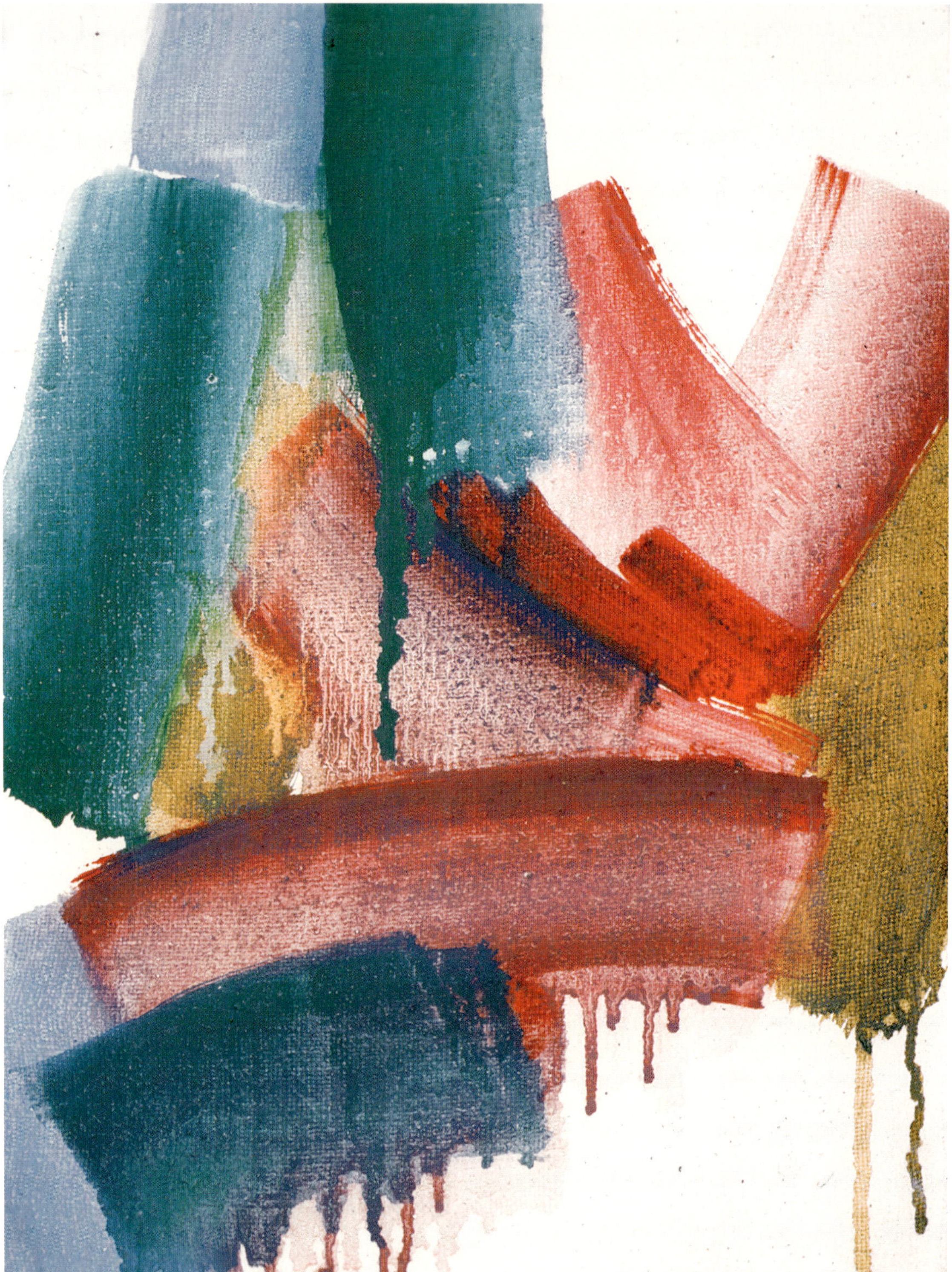

4. Fastensonntag

Johannesevangelium 3,14–21

In jener Zeit sprach Jesus zu Nikodemus:
¹⁴ Wie Mose die Schlange in der Wüste erhöht hat, so muss der Menschensohn erhöht werden,
¹⁵ damit jeder, der an ihn glaubt, in ihm das ewige Leben hat.
¹⁶ Denn Gott hat die Welt so sehr geliebt, dass er seinen einzigen Sohn hergab, damit jeder, der an ihn glaubt, nicht zugrunde geht, sondern das ewige Leben hat.
¹⁷ Denn Gott hat seinen Sohn nicht in die Welt gesandt, damit er die Welt richtet, sondern damit die Welt durch ihn gerettet wird.
¹⁸ Wer an ihn glaubt, wird nicht gerichtet; wer nicht glaubt, ist schon gerichtet, weil er an den Namen des einzigen Sohnes Gottes nicht geglaubt hat.
¹⁹ Denn mit dem Gericht verhält es sich so: Das Licht kam in die Welt, und die Menschen liebten die Finsternis mehr als das Licht; denn ihre Taten waren böse.
²⁰ Jeder, der Böses tut, hasst das Licht und kommt nicht zum Licht, damit seine Taten nicht aufgedeckt werden.
²¹ Wer aber die Wahrheit tut, kommt zum Licht, damit offenbar wird, dass seine Taten in Gott vollbracht sind.

Kiki Kogelnik
o.T.
Acryl/Leinwand, verso sign. u. dat. 1960, gerahmt
32 x 24 | OM 815 | 18

Diese Welt ist oft ein Tränental. Aber sie ist kein sinnloser Abgrund. „So sehr hat Gott die Welt geliebt, dass er seinen Sohn hingab", sein Ein und Alles, sein ganzes Herz. In tiefer Nacht hat Nikodemus diese Worte gehört. Er hat sie oft weitergesagt. Er hat sie geglaubt und dadurch so viel Trost erlebt.

Fastenfreude

Laetare heißt der vierte Fastensonntag, nach dem lateinischen ersten Wort des heutigen Gottesdienstes: „Freue dich, Stadt Jerusalem! Seid fröhlich zusammen mit ihr, alle, die ihr traurig wart. Freut euch und trinkt euch satt an der Quelle göttlicher Tröstung" (vgl. Jes 66,10-11).

Mitten im Ernst der Fastenzeit ein deutliches Wort der Freude. Früher, als Fasten noch wirklich Fasten war und der Verzicht beim Essen und Trinken, beim Rauchen, bei den Unterhaltungen noch richtig spürbar war, da klang das Wort von der Freude in der Mitte der Fastenzeit wohl etwas kräftiger als heute. Es gibt freilich - erfreulicherweise - wieder mehr Menschen, die die Fastenzeit wirklich als Zeit der freiwilligen Einschränkung, des Verzichtes und der Buße leben - und dabei erfahren, wie gut eine solche Zeit für Seele und Leib tut.

Laetare, freut euch! Den Grund nennt Jesus selbst. Nikodemus, ein Ratsherr in Jerusalem, angesehen und geachtet, kommt heimlich in der Nacht zu Jesus, um mit ihm zu sprechen. Es war vielleicht nicht sehr heldenhaft, dass er sich nicht traute am hellen Tag zu Jesus zu gehen. Was würden die anderen Ratsherren sagen, wenn sie von seinem Wunsch wüssten, Jesus persönlich zu sprechen? Eines ist sicher: Das Nachtgespräch mit Jesus wurde zum Wendepunkt in seinem Leben. Wie oft hat Nikodemus wohl in späteren Jahren von dieser unvergesslichen Nacht erzählt! Es muss ihm bewusst geworden sein, dass Jesus ihm eines der schönsten, tiefsten Worte anvertraut hat, die er gesagt hat. Noch immer klingt es nach, noch immer kann es das Leben von Menschen verwandeln: „So sehr hat Gott die Welt geliebt ..."

Gott liebt diese Welt. Es ist schwer zu begreifen. Eine Welt, in der es so viel Finsternis gibt? Eine Welt, in der das Böse übermächtig ist, in der Unrecht und Leid, Krankheit und schließlich der Tod das letzte Wort haben. - Wo ist Seine Liebe?

Sie hat einen Namen, ein Gesicht. Nikodemus schaut in dieses Gesicht, hört dessen Stimme, lauscht seinen Worten. „Wer an mich glaubt, geht nicht zugrunde", hört der Ratsherr seinen nächtlichen Gastgeber sagen. Und er vernimmt diese wunderbaren Worte: „Gott hat seinen Sohn in die Welt gesandt, nicht um sie zu richten, sondern zu retten."

Es gibt eine Rettung in dieser Welt der Finsternis. Es gibt einen Retter. Wir sind nicht sinnlos in diese Welt geworfen, um uns hier durchs Leben zu fretten und am Schluss im Tod unterzugehen.

„Wenn du nicht weiter weißt, schau zu mir auf! Glaub an mich! Vertrau auf mich!" Diese Welt ist oft ein Tränental. Aber sie ist nicht ein sinnloser Abgrund. „So sehr hat Gott die Welt geliebt, dass er seinen Sohn hingab", sein Ein und Alles, sein ganzes Herz.

In tiefer Nacht hat Nikodemus diese Worte gehört. Er hat sie oft weitergesagt. Er hat sie geglaubt und dadurch so viel Trost erlebt. Mitten in der Fastenzeit sagt er sie heute auch uns, noch einmal. Glaubt daran! Fest, felsenfest! Und daher: Freut euch!

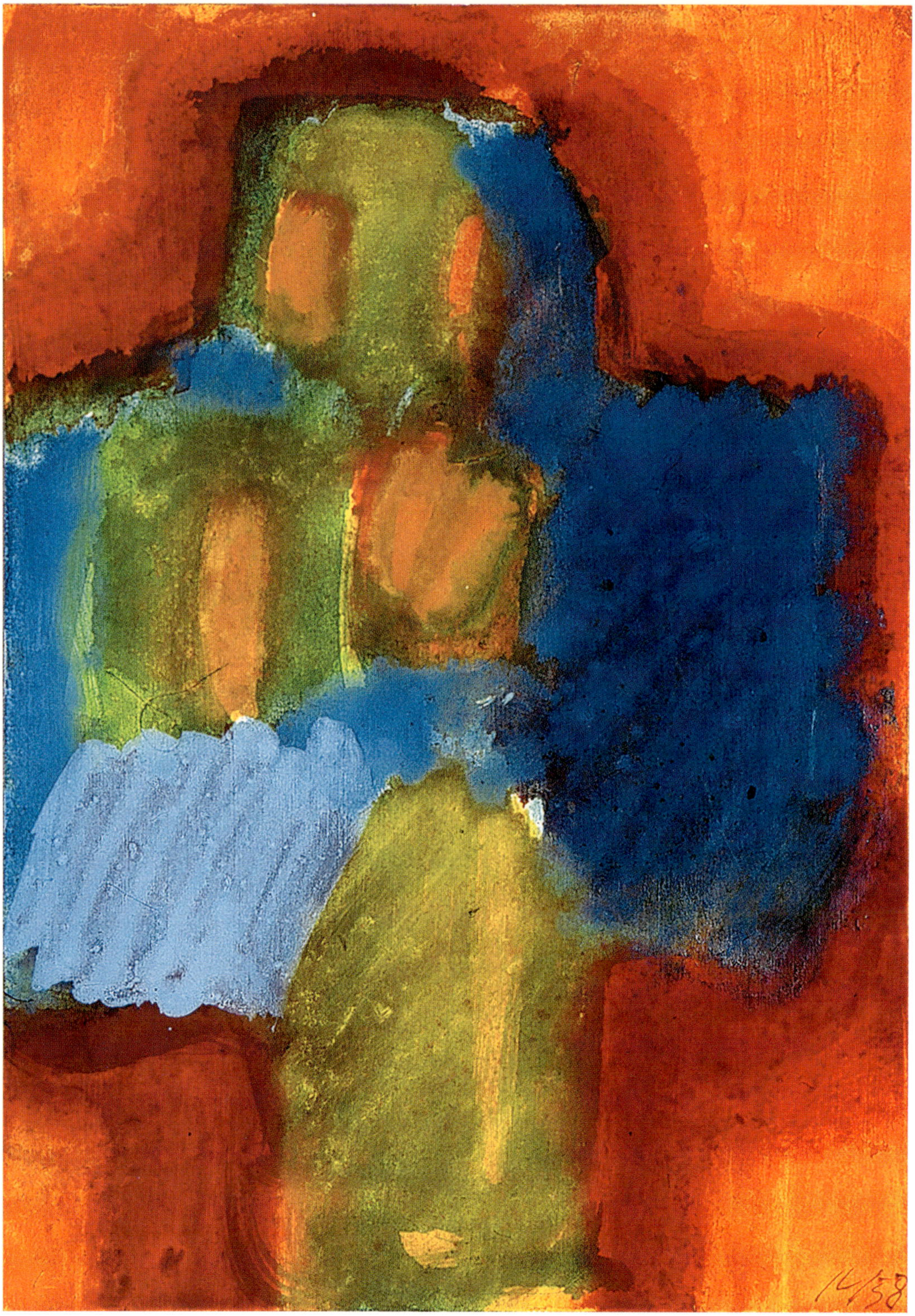

5. Fastensonntag

Johannesevangelium 12,20–33

In jener Zeit
²⁰ traten einige Griechen, die beim Osterfest in Jerusalem Gott anbeten wollten,
²¹ an Philippus heran, der aus Betsaida in Galiläa stammte, und sagten zu ihm: Herr, wir möchten Jesus sehen.
²² Philippus ging und sagte es Andreas; Andreas und Philippus gingen und sagten es Jesus.
²³ Jesus aber antwortete ihnen: Die Stunde ist gekommen, dass der Menschensohn verherrlicht wird.
²⁴ Amen, amen, ich sage euch: Wenn das Weizenkorn nicht auf die Erde fällt und stirbt, bleibt es allein; wenn es aber stirbt, bringt es reiche Frucht.
²⁵ Wer an seinem Leben hängt, verliert es; wer aber sein Leben in dieser Welt gering achtet, wird es bewahren bis ins ewige Leben.
²⁶ Wenn einer mir dienen will, folge er mir nach; und wo ich bin, dort wird auch mein Diener sein. Wenn einer mir dient, wird der Vater ihn ehren.
²⁷ Jetzt ist meine Seele erschüttert. Was soll ich sagen: Vater, rette mich aus dieser Stunde? Aber deshalb bin ich in diese Stunde gekommen.
²⁸ Vater, verherrliche deinen Namen! Da kam eine Stimme vom Himmel: Ich habe ihn schon verherrlicht und werde ihn wieder verherrlichen.
²⁹ Die Menge, die dabeistand und das hörte, sagte: Es hat gedonnert. Andere sagten: Ein Engel hat zu ihm geredet.
³⁰ Jesus antwortete und sagte: Nicht mir galt diese Stimme, sondern euch.
³¹ Jetzt wird Gericht gehalten über diese Welt; jetzt wird der Herrscher dieser Welt hinausgeworfen werden.
³² Und ich, wenn ich über die Erde erhöht bin, werde alle zu mir ziehen.
³³ Das sagte er, um anzudeuten, auf welche Weise er sterben werde.

Josef Mikl
Büste
Öl/Karton, monogr. u. dat. 58 | verso sign.
29,7 x 21 | OM 1326 | IX/68

Der Tod von Papst Johannes Paul war wie eine große Lektion in christlichem Sterben. Er konnte nicht mehr sprechen. So schrieb er, kaum leserlich, auf ein Stück Papier: „Ich bin froh – seid ihr es auch!" Dieses Wort ging in Windeseile um die Welt und wurde ein wichtiger Teil der Botschaft über den Sinn von Leben, Leiden und Sterben.

Ich bin froh – seid ihr es auch!

Am 2. April 2005, um 21 Uhr 37, starb Papst Johannes Paul II. Wohl selten hat ein Sterben und ein Tod so viele Menschen in der ganzen Welt bewegt, über alle Grenzen der Religionen und Nationen hinweg.

Während tausende Menschen auf dem Petersplatz beteten und Fernsehstationen aus der ganzen Welt die Kameras auf die beiden Fenster im dritten Stock des apostolischen Palastes gerichtet waren, versuchte der Sterbende sich noch einmal mitzuteilen. Er konnte nicht mehr sprechen. So schrieb er, kaum leserlich, auf ein Stück Papier: „Ich bin froh – seid ihr es auch!"

Dieses Wort ging in Windeseile um die Welt und wurde ein wichtiger Teil der Botschaft über den Sinn von Leben, Leiden und Sterben, die so viele Menschen berührt und bewegt hat. Mitten in den Schmerzen eines mühsamen Todes ein so klares Wort der Freude und der Ermutigung. Diese Botschaft ist bei vielen Menschen angekommen!

„Wenn das Weizenkorn nicht in die Erde fällt und stirbt, bleibt es allein, wenn es aber stirbt, bringt es reiche Frucht." Genau dieses Wort Jesu hat das Sterben von Papst Johannes Paul II. bestätigt, und ebenso das ihm folgende: „Wer an seinem Leben hängt, verliert es. Wer aber sein Leben in dieser Welt gering achtet, wird es bewahren bis ins ewige Leben."

Wir nähern uns dem Osterfest. Wieder kommt die Zeit, da in der ganzen Welt die Christen Jesu „heilbringendes Leiden", sein Sterben und seine Auferstehung vom Tod feiern. Jesus nennt diese Zeit seine „Stunde": „Die Stunde ist gekommen, dass der Menschensohn verherrlicht wird."

Auch wir sprechen von der „letzten Stunde", wenn wir vom Sterben sprechen. Vielfach wird sie heute verdrängt, abgeschoben hinter Spitalswände, zugedeckt von hochtechnischer Apparatemedizin. Als „schön" oder wenigstens „gnädig" gilt ein möglichst plötzlicher und unbemerkter Tod. Früher haben die Menschen aber darum gebetet, vor einem „unvorhergesehenen" und „unvorbereiteten" Tod bewahrt zu bleiben. Ich wünsche es mir, bei meinem Sterben sozusagen selbst dabei zu sein.

Der Tod von Papst Johannes Paul war wie eine große Lektion in christlichem Sterben. Er wollte in seinem Leiden seinem Herrn und Meister Jesus Christus möglichst ähnlich sein: „Wo ich bin, wird auch mein Diener sein", sagt Jesus heute. Das Sterben des Papstes war das Ende eines langen Leidensweges. Er hat so vielen Menschen Jesus gezeigt. „Wir möchten Jesus sehen", sagen im heutigen Evangelium einige Osterpilger zu den Aposteln. „Jesus ist uns nähergekommen", konnten viele sagen, die das Sterben des großen Papstes vor Ort oder am Bildschirm erlebt haben. Seine Botschaft hat uns erreicht: „ Ich bin froh - seid ihr es auch!"

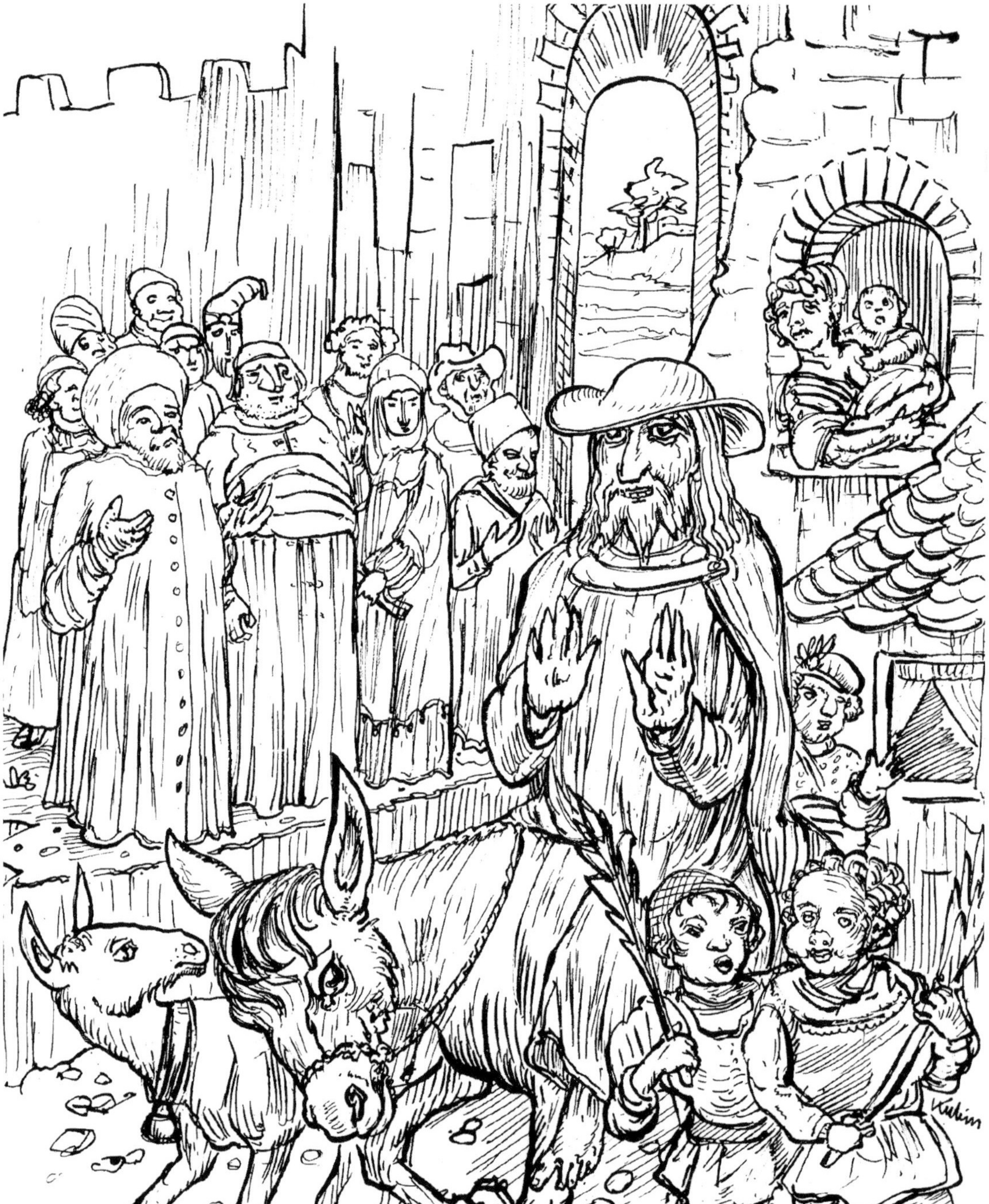

Palmsonntag

Markusevangelium 11,1–10

Es war einige Tage vor dem Osterfest
1. Als sie in die Nähe von Jerusalem kamen, nach Betfage und Betanien am Ölberg, schickte Jesus zwei seiner Jünger voraus.
2. Er sagte zu ihnen: Geht in das Dorf, das vor uns liegt; gleich wenn ihr hineinkommt, werdet ihr einen jungen Esel angebunden finden, auf dem noch nie ein Mensch gesessen hat. Bindet ihn los, und bringt ihn her!
3. Und wenn jemand zu euch sagt: Was tut ihr da?, dann antwortet: Der Herr braucht ihn; er lässt ihn bald wieder zurückbringen.
4. Da machten sie sich auf den Weg und fanden außen an einer Tür an der Straße einen jungen Esel angebunden, und sie banden ihn los.
5. Einige, die dabeistanden, sagten zu ihnen: Wie kommt ihr dazu, den Esel loszubinden?
6. Sie gaben ihnen zur Antwort, was Jesus gesagt hatte, und man ließ sie gewähren.
7. Sie brachten den jungen Esel zu Jesus, legten ihre Kleider auf das Tier, und er setzte sich darauf.
8. Und viele breiteten ihre Kleider auf der Straße aus; andere rissen auf den Feldern Zweigen von den Büschen ab und streuten sie auf den Weg.
9. Die Leute, die vor ihm hergingen und die ihm folgten, riefen: Hosanna! Gesegnet sei er, der kommt im Namen des Herrn!
10. Gesegnet sei das Reich unseres Vaters David, das nun kommt. Hosanna in der Höhe!

Alfred Kubin
Einzug in Jerusalem
Lichtdruck | 31 x 25
aus „20 Bilder der Bibel"
OM AS 18/92

Kurz bevor Jesus mit seinen Jüngern in Jerusalem einzieht, tut er etwas, das die Seinen als ein starkes Zeichen empfinden. Er lässt sich einen jungen, unberittenen Esel bringen, setzt sich auf ihn und reitet in Richtung Jerusalem.
So also kommst Du, Herr!
Nicht mit Macht und Gewalt, sondern bescheiden, auf einem Esel reitend.

Mein Frühling

Palmsonntag: Nach dem endlos scheinenden Winter ist jedes Frühlingszeichen eine Freude. Die „Palmkatzerl" als Frühlingsboten. Die gesegneten Zweige werden in vielen Häusern das Jahr über aufbewahrt.

Der Frühling, um den es am Palmsonntag geht, ist freilich mehr als das Wiedererwachen der Natur. Nach dem langen Winter der Unterdrückung und der Unfreiheit erwartet das jüdische Volk einen neuen Frühling der Befreiung. Das Osterfest in Jerusalem ist seit jeher der Zeitpunkt großer Hoffnungen. Das Volk wartet auf den Retter, den die Propheten seit lLangem angekündigt haben. Ist Jesus, der Mann aus Galiläa, der ersehnte Messias? Sicher haben seine Anhänger genau das erhofft.

Jesus selbst scheint diese Erwartungen zu nähren. In der Menge der Festpilger, die aus Galiläa zu Ostern nach Jerusalem hinauf ziehen, ist auch er, gemeinsam mit seinen Jüngern. Da, kurz bevor sie in Jerusalem einziehen, tut Jesus etwas, das die Seinen als ein starkes Zeichen empfinden. Er lässt sich aus dem nächsten Dorf einen jungen, unberittenen Esel bringen, setzt sich auf ihn und reitet in Richtung Jerusalem. Seine Jünger haben diese Geste offensichtlich sofort verstanden. Es heißt ja bei einem Propheten: „Juble laut, Tochter Zion, jauchze, Tochter Jerusalem! Siehe, dein König kommt zu dir, gerecht und siegreich. Demütig ist er und reitet auf einem Esel" (Sach 9,9).

Dein König kommt! Begeisterung bricht aus, die Leute jubeln Jesus zu, legen ihre Gewänder vor ihm auf den Weg, winken mit Zweigen, rufen ihm „königliche" Titel zu, „Hosanna" und „Gepriesen sei das Reich unseres Vaters David, das nun kommt". Sie sehen in Jesus schon einen neuen König David, der die Freiheit, Unabhängigkeit und Größe seines Reiches wiederherstellen wird.

Jesus widerspricht ihnen nicht, er selbst hat solche Erwartungen geweckt. Kein Wunder, dass die Enttäuschung umso größer war, als das alles nicht in Erfüllung ging. In wenigen Tagen wird der „König der Juden" im Spottmantel vor dem Volk stehen, das seine Kreuzigung fordert. Warum tut er nichts, um die Macht zu erobern? Es bleibt bei der symbolischen Geste des Einzugs auf einem harmlosen Esel. Keine Schwerter, keine Waffen, kein Aufstand, keine Spur von Eroberung. Das Ganze endet am Kreuz. Oder doch nicht? Kam nicht danach der Ostermorgen?

Der Weg Jesu ist ganz anders als erwartet. In wenigen Tagen wird wieder an vielen Orten, in Kirchen, aber auch in Konzertsälen, die Passion Jesu betrachtet. Der ergreifendste Gottesdienst dieser Passionszeit ist für mich in jedem Jahr die Liturgie des Karfreitags im Stephansdom. Die Kreuzverehrung bewegt die Herzen. Die begleitenden Gesänge sind voll Trauer und Trost zugleich.

Dann werden die Worte der Bibel zum persönlichen Gebet: So also kommst Du, Herr und Schöpfer, zu mir, Deinem Geschöpf, nicht mit Macht und Gewalt, sondern bescheiden, auf einem Esel reitend; nicht als Sieger, sondern als Verspotteter; nicht als Erfolgreicher, sondern als Liebender. Und ich? Kurze Zeit begeistert, doch dann wieder abgelenkt von so viel Anderem, so vergesslich und nachlässig. Aber heuer will ich versuchen, den ganzen Weg mit Dir zu gehen, vom Palmsonntag über die Tage Deiner Passion bis zum Ostermorgen. Heuer will ich wirklich Frühling erleben – mit Dir!

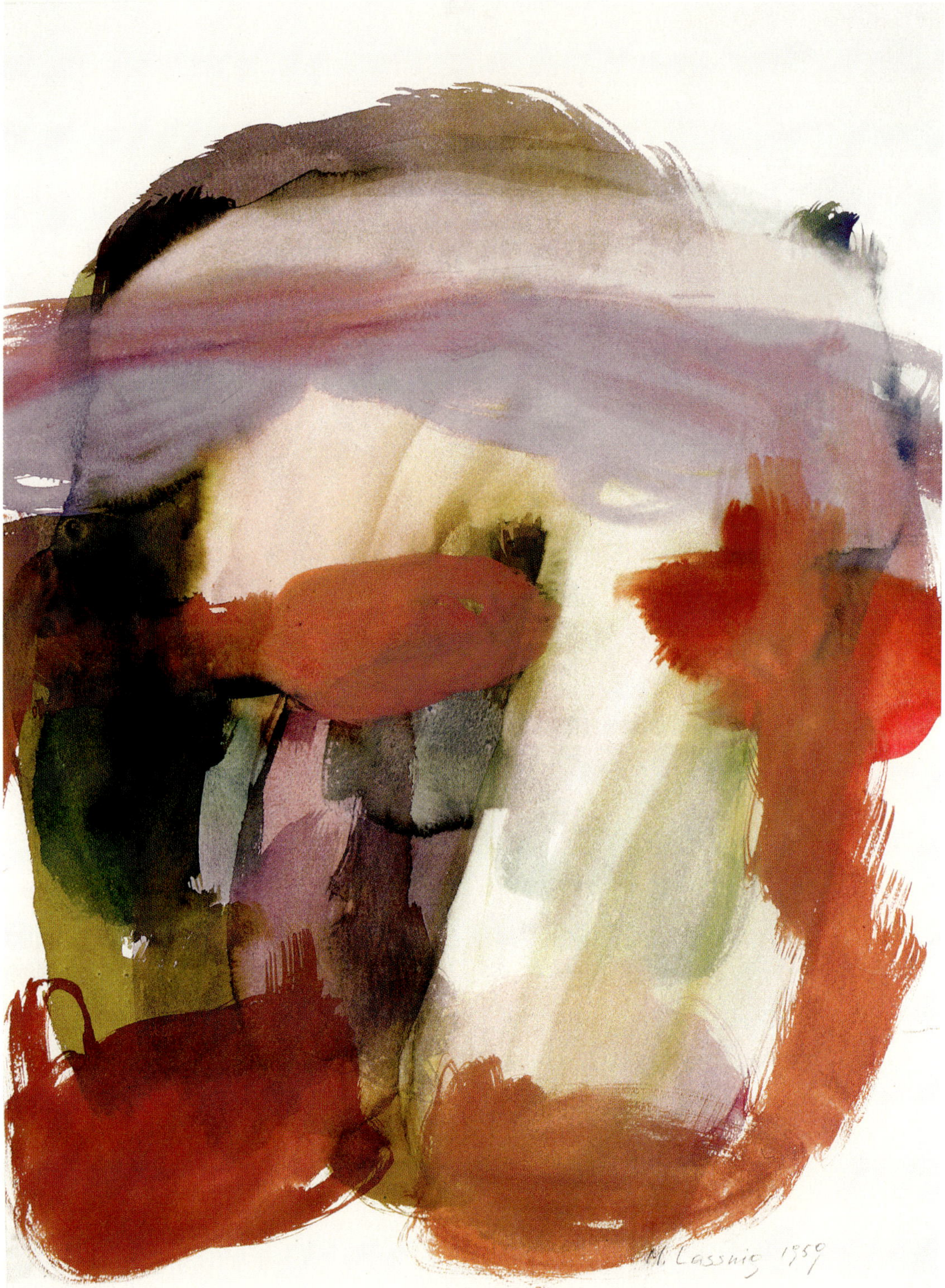
M. Lassnig 1959

Karfreitag

Johannesevangelium 19,17–30 (gekürzt)

¹⁷ Er trug sein Kreuz und ging hinaus zur so genannten Schädelhöhe, die auf hebräisch Golgota heißt.

¹⁸ Dort kreuzigten sie ihn und mit ihm zwei andere, auf jeder Seite einen, in der Mitte Jesus.

¹⁹ Pilatus ließ auch ein Schild anfertigen und oben am Kreuz befestigen; die Inschrift lautete: Jesus von Nazaret, der König der Juden.

²⁰ Dieses Schild lasen viele Juden, weil der Platz, wo Jesus gekreuzigt wurde, nahe bei der Stadt lag. Die Inschrift war hebräisch, lateinisch und griechisch abgefasst.

²¹ Die Hohenpriester der Juden sagten zu Pilatus: Schreib nicht: Der König der Juden, sondern dass er gesagt hat: Ich bin der König der Juden.

²² Pilatus antwortete: Was ich geschrieben habe, habe ich geschrieben.

²³ Nachdem die Soldaten Jesus ans Kreuz geschlagen hatten, nahmen sie seine Kleider und machten vier Teile daraus, für jeden Soldaten einen. Sie nahmen auch sein Untergewand, das von oben her ganz durchgewebt und ohne Naht war.

²⁴ Sie sagten zueinander: Wir wollen es nicht zerteilen, sondern darum losen, wem es gehören soll. So sollte sich das Schriftwort erfüllen: Sie verteilten meine Kleider unter sich und warfen das Los um mein Gewand. Dies führten die Soldaten aus.

²⁵ Bei dem Kreuz Jesu standen seine Mutter und die Schwester seiner Mutter, Maria, die Frau des Klopas, und Maria von Magdala.

²⁶ Als Jesus seine Mutter sah und bei ihr den Jünger, den er liebte, sagte er zu seiner Mutter: Frau, siehe, dein Sohn!

²⁷ Dann sagte er zu dem Jünger: Siehe, deine Mutter! Und von jener Stunde an nahm sie der Jünger zu sich.

²⁸ Danach, als Jesus wusste, dass nun alles vollbracht war, sagte er, damit sich die Schrift erfüllte: Mich dürstet.

²⁹ Ein Gefäß mit Essig stand da. Sie steckten einen Schwamm mit Essig auf einen Ysopzweig und hielten ihn an seinen Mund.

³⁰ Als Jesus von dem Essig genommen hatte, sprach er: Es ist vollbracht! Und er neigte das Haupt und gab seinen Geist auf.

Maria Lassnig
o.T.
Aquarell u. Gouache, sign.
u. dat. 1959 | verso Aqu.
60,2 x 44,1 | OM 1235 | II G/39

„Und wäre ich mutterseelenallein auf dieser Welt gewesen, Gott hätte seinen einzigen Sohn herab gesandt, damit Er gekreuzigt würde, damit Er mich erlöse. Aber wer, fragst du, wäre dann über Ihn zu Gericht gesessen, hätte Ihn geschlagen, Ihn ans Kreuz geheftet? Such nicht lange: Ich selber hätte das getan. Alles hätte ich getan."
(Julien Green)

Alles hätte ich getan …

Dort, am Berg Golgotha, kreuzigten sie ihn. Wer waren „sie"? Wer hat das getan? Wer war schuld an diesem schrecklichen Unrecht? Denn was mit Jesus geschah, kann nur als Justizmord bezeichnet werden.

Sie, die ihn kreuzigten, das waren römische Soldaten. Sie waren sicher nicht schuld an Jesu Tod. Sie waren nur Werkzeuge. Sie taten nur ihren Dienst. Sie mussten den Befehlen ihrer Vorgesetzten gehorchen. Und die taten wiederum nur das, was der römische Stadthalter Pontius Pilatus als zuständige Behörde und Justiz entschieden hatte. Er hatte zwar versucht, Jesus freizulassen, aber der Druck der jüdischen religiösen Obrigkeit war so groß geworden, dass er nachgegeben und Jesus zum Kreuzestod verurteilt hatte.

Waren also „die Juden" schuld? Wenn ja, wer von ihnen? Alle? Das zu behaupten wäre unrecht. Christen haben dieses Unrecht oft begangen und global „die Juden" als Schuldige hingestellt und verfolgt. Die Kirche hat ausdrücklich erklärt, dass das ein schweres Unrecht war. Es gibt keine Kollektivschuld. Es waren nicht „die Deutschen" am Zweiten Weltkrieg schuld und auch nicht „die Türken" am Armeniermord.

Wer war also schuld? Judas, der den religiösen Autoritäten verraten hat, wo sie Jesus unter den zahllosen Osterpilgern in Jerusalem finden können? Oder die anderen Apostel, die alle davonliefen, als es ernst wurde, statt ihren Meister mit Gewalt zu befreien?

Jeder der Genannten war mitschuldig. Alle haben versagt, Pilatus aus Feigheit, die religiösen Autoritäten aus Fanatismus, Judas aus Enttäuschung, die Apostel aus Angst. Und wie hätte ich gehandelt?

In Klagenfurt, in der Stadtpfarrkirche St. Egid, hat der französisch-amerikanische Schriftsteller Julien Green (1900-1998) sein Grab. Er, der fast sein ganzes Leben in Paris gelebt hatte, wollte dort begraben sein. Auf seinem Grabstein steht ein Text aus seinen Tagebüchern, der eine ehrliche Antwort auf die Frage gibt: Wie hätte ich gehandelt? Hier also die Grabinschrift:

Und wäre ich mutterseelenallein
auf dieser Welt gewesen,
Gott hätte seinen einzigen Sohn
herabgesandt, damit Er gekreuzigt würde,
damit Er mich erlöse.
Eine befremdliche Anmaßung, wirst du sagen.
Und dennoch: Ein solcher Gedanke
muss schon so manchem Christgläubigen
durch den Kopf gegangen sein.
Aber wer, fragst du,
wäre dann über Ihn zu Gericht gesessen,
hätte Ihn geschlagen Ihn ans Kreuz geheftet?
Such nicht lange:
Ich selber hätte das getan.
Alles hätte ich getan.
Jeder von uns kann dasselbe von sich
behaupten.
So wie wir sind und aus welchem
Winkel der Welt
wir auch stammen mögen.
Hat man keinen Juden zur Hand,
damit er Ihm ins Antlitz speie:
Ich bin bereit.
Braucht es einen römischen Beamten,
um Ihn zu verhöhnen, einen Soldaten,
um Ihn zu verspotten, einen Henker,
um Ihn ans Holz zu schlagen, auf dass
Er dort hängen bleibe
bis ans Ende der Zeiten.
Immer wäre ich es selber,
ich wäre dazu imstande, all das zu verüben.
Und der Jünger, der Ihn lieb hat?
Das ist das Schmerzlichste an der Geschichte
und zugleich das große Geheimnis:
Du weißt es recht gut:
Auch diesen Jünger, den findest du in mir.

18.2.34
R SZ

LISL STOCKINGER ZUGEEIGNET

Ostersonntag

**Johannesevangelium
20,1–18**

¹ Am ersten Tag der Woche kam Maria von Magdala frühmorgens, als es noch dunkel war, zum Grab und sah, dass der Stein vom Grab weggenommen war.

² Da lief sie schnell zu Simon Petrus und dem Jünger, den Jesus liebte, und sagte zu ihnen: Man hat den Herrn aus dem Grab weggenommen, und wir wissen nicht, wohin man ihn gelegt hat.

³ Da gingen Petrus und der andere Jünger hinaus und kamen zum Grab;

⁴ sie liefen beide zusammen dorthin, aber weil der andere Jünger schneller war als Petrus, kam er als Erster ans Grab.

⁵ Er beugte sich vor und sah die Leinenbinden liegen, ging aber nicht hinein.

⁶ Da kam auch Simon Petrus, der ihm gefolgt war, und ging in das Grab hinein. Er sah die Leinenbinden liegen

⁷ und das Schweißtuch, das auf dem Kopf Jesu gelegen hatte; es lag aber nicht bei den Leinenbinden, sondern zusammengebunden daneben an einer besonderen Stelle.

⁸ Da ging auch der andere Jünger, der zuerst an das Grab gekommen war, hinein; er sah und glaubte.

⁹ Denn sie wussten noch nicht aus der Schrift, dass er von den Toten auferstehen musste.

¹⁰ Dann kehrten die Jünger wieder nach Hause zurück.

¹¹ Maria aber stand draußen vor dem Grab und weinte. Während sie weinte, beugte sie sich in die Grabkammer hinein.

¹² Da sah sie zwei Engel in weißen Gewändern sitzen, den einen dort, wo der Kopf, den anderen dort, wo die Füße des Leichnams Jesu gelegen hatten.

¹³ Die Engel sagten zu ihr: Frau, warum weinst du? Sie antwortete ihnen: Man hat meinen Herrn weggenommen, und ich weiß nicht, wohin man ihn gelegt hat.

¹⁴ Als sie das gesagt hatte, wandte sie sich um und sah Jesus dastehen, wusste aber nicht, dass es Jesus war.

¹⁵ Jesus sagte zu ihr: Frau, warum weinst du? Wen suchst du? Sie meinte, es sei der Gärtner, und sagte zu ihm: Herr, wenn du ihn weggebracht hast, sag mir, wohin du ihn gelegt hast. Dann will ich ihn holen.

¹⁶ Jesus sagte zu ihr: Maria! Da wandte sie sich ihm zu und sagte auf hebräisch zu ihm: Rabbuni!, das heißt: Meister.

¹⁷ Jesus sagte zu ihr: Halte mich nicht fest; denn ich bin noch nicht zum Vater hinaufgegangen. Geh aber zu meinen Brüdern, und sag ihnen: Ich gehe hinauf zu meinem Vater und zu eurem Vater, zu meinem Gott und zu eurem Gott.

¹⁸ Maria von Magdala ging zu den Jüngern und verkündete ihnen: Ich habe den Herrn gesehen. Und sie richtete aus, was er ihr gesagt hatte.

Rudolf Szyszkowitz
Ostersonntag
**Kaltnadelradierung, Pl. monogr. u. dat. 18.2.34
Radierung monogr. u. namentl. bez., Widmung:
Lisl Stockinger zugeeignet
49 x 50 (Pl.), 62 x 58,5
OM 1743 | Sz 100**

Am ersten Tag der Woche ist es geschehen. Das Evangelium erzählt, wie drei Personen diesen ersten Tag, auf die je eigene Weise, erleben. Der eine sieht, kann aber (noch) nicht glauben; der andere tut den Schritt und glaubt. Maria Magdalena bleibt so lange dran, bis sie die Antwort findet. Alle drei haben schließlich den Auferstandenen gefunden.

Mein Osterwunsch

Am ersten Tag der Woche ist es geschehen: an dem Tag, den wir Sonntag nennen. Er ist nicht das Wochenende, sondern ein neuer Anfang. In versuche daher, den Ausdruck „Wochenende" zu vermeiden und wünsche möglichst „einen schönen Sonntag". „Dimanche" heißt dieser erste Tag der Woche auf Französisch, „domenica" auf Italienisch, wörtlich übersetzt: der „Herrentag", denn es ist der Tag Seiner Auferstehung, das wöchentliche Osterfest.

Das Evangelium erzählt, wie drei Personen diesen ersten Tag, auf die je eigene Weise, erleben. Wie lebe und erlebe ich Ostern, den Tag der Auferstehung? Finde ich mich ein wenig in einer der drei Personen wieder, oder ein bisschen in allen dreien, oder (noch) in keiner der drei?

Maria von Magdala ist die erste und letzte Gestalt in der Szene. Sie hatte nach einem Leben als „öffentliche Sünderin" Jesus kennengelernt. Er hat ihr Leben verändert, nicht in der Art, wie Dan Brown sich das vorstellt. Bei Jesus hat sie etwas gefunden, was sie bei keinem anderen Mann gefunden hatte. Sie hat sich angenommen, verstanden, geachtet erlebt wie nie zuvor. Sie war nicht mehr Objekt, Gegenstand von Begierde oder Bedürfnis; sie war ganz und gar sie selbst. Es war ein nie zuvor gekanntes Glück, eine ungeahnte Erfüllung, wie sie ihr keine ihrer Beziehungen gebracht hat.

Sein Tod am Kreuz war deshalb unsagbarer Schmerz. Deshalb kommt sie so früh schon zum Grab. Deshalb der Schock, dass sein Leichnam weg ist – bis es zur neuen Begegnung kommt. Er nennt sie beim Namen: Maria! Da erkennt sie ihn. Aber er ist nicht in diese unsere alte Welt zurückgekehrt. Er ist jetzt „drüben", „droben", beim Vater, wohin er uns vorausging. Deshalb darf sie ihn nicht festhalten. Deshalb muss sie gehen und den anderen sagen, was sie von ihm für ihr Leben erhalten hat. Sie muss es weitergeben, nicht für sich behalten.

Kann ich mich in Maria von Magdala wiederfinden? In ihrer Sehnsucht nach Liebe? In ihren Enttäuschungen, Irrwegen? In ihrer Suche nach einem größeren Sinn, einem haltbaren Glück? Kann ich etwas von dem mitfühlen, was für sie die Begegnung mit Jesus war? Habe ich schon etwas von dem Trost erlebt, den sie von ihm bekam? „Frau, warum weinst du?" Und von der Freude, dass alles Leid nicht umsonst war? Und dass Jesus lebt!

Anders die Erfahrung der beiden Männer. Aufgeschreckt durch die Nachricht, sein Grab sei leer, laufen sie, vergessen ihre Feigheit, verlassen ihr Versteck. Der Jüngere ist schneller (Johannes), der Ältere keucht hinterher (Petrus). Beide sehen das leere Grab, die Leinenbinden, das Schweißtuch. Beide sehen, dass der Leichnam Jesu nicht gestohlen worden sein kann. Jesus war nicht „ausgewickelt" worden. Das Grabtuch lag da, und er nicht mehr darin. Der eine sieht es, der andere „sieht und glaubt".

Auch wir sind nicht alle gleich schnell im Leben und im Glauben. Der eine sieht, kann aber (noch) nicht glauben; der andere tut den Schritt und glaubt. Wo stehe ich? Bin ich langsamer als Petrus, schneller als Johannes? Was fehlt mir noch, dass ich glauben kann? Kehren wir wie die beiden Männer wieder heim in unseren Alltag, ohne unsere Suche geklärt zu haben – oder bleiben wir wie Maria Magdalena so lange dran, bis wir Antwort finden? Alle drei haben schließlich den Auferstandenen gefunden. Das ist auch mein Osterwunsch für uns alle.

Der ungläubige Thomas — Margret Bilger

2. Sonntag der Osterzeit

Johannesevangelium 20,19-31

[19] Am Abend dieses ersten Tages der Woche, als die Jünger aus Furcht vor den Juden die Türen verschlossen hatten, kam Jesus, trat in ihre Mitte und sagte zu ihnen: Friede sei mit euch!

[20] Nach diesen Worten zeigte er ihnen seine Hände und seine Seite. Da freuten sich die Jünger, dass sie den Herrn sahen.

[21] Jesus sagte noch einmal zu ihnen: Friede sei mit euch! Wie mich der Vater gesandt hat, so sende ich euch.

[22] Nachdem er das gesagt hatte, hauchte er sie an und sprach zu ihnen: Empfangt den Heiligen Geist!

[23] Wem ihr die Sünden vergebt, dem sind sie vergeben; wem ihr die Vergebung verweigert, dem ist sie verweigert.

[24] Thomas, genannt Didymus (Zwilling), einer der Zwölf, war nicht bei ihnen, als Jesus kam.

[25] Die anderen Jünger sagten zu ihm: Wir haben den Herrn gesehen. Er entgegnete ihnen: Wenn ich nicht die Male der Nägel an seinen Händen sehe und wenn ich meinen Finger nicht in die Male der Nägel und meine Hand nicht in seine Seite lege, glaube ich nicht.

[26] Acht Tage darauf waren seine Jünger wieder versammelt, und Thomas war dabei. Die Türen waren verschlossen. Da kam Jesus, trat in ihre Mitte und sagte: Friede sei mit euch!

[27] Dann sagte er zu Thomas: Streck deinen Finger aus – hier sind meine Hände! Streck deine Hand aus und leg sie in meine Seite, und sei nicht ungläubig, sondern gläubig!

[28] Thomas antwortete ihm: Mein Herr und mein Gott!

[29] Jesus sagte zu ihm: Weil du mich gesehen hast, glaubst du. Selig sind, die nicht sehen und doch glauben.

[30] Noch viele andere Zeichen, die in diesem Buch nicht aufgeschrieben sind, hat Jesus vor den Augen seiner Jünger getan.

[31] Diese aber sind aufgeschrieben, damit ihr glaubt, dass Jesus der Messias ist, der Sohn Gottes, und damit ihr durch den Glauben das Leben habt in seinem Namen.

Margret Bilger
Der ungläubige Thomas
Holzschnitt/Seidenpapier, sign., ger. | 40 x 33 (Stock)
W 6

Thomas, der Apostel, will nur glauben, was er sehen und berühren kann. Er will nicht nur hören, was andere angeblich gesehen und erlebt haben. Er will selber „be-greifen", „er-fassen". Nur dann ist er auch bereit, zu glauben. Doch der Glaube ist nicht blind. Ich kann Jesus zwar nicht sehen, aber ich kann Ihn lieben.

Glauben ist möglich

Unvergesslicher Osterabend: Da waren sie, hinter fest verriegelten Türen. Nur zu verständlich ihre Angst. Warum sollte es mit Jesu Verhaftung und Hinrichtung aus sein? Mussten Sie nicht damit rechnen, als Nächste dran zu sein? Judas, ihr Kollege, wusste, wo sie sich versteckt hielten. Er kannte ja den Raum im ersten Stock eines Jerusalemer Hauses, in dem sie mit ihrem Meister Pessach, das Ostermahl, gehalten hatten. Er konnte jederzeit die Häscher der Hohenpriester informieren. So warteten sie mit Schrecken, ob nicht plötzlich an der Tür geklopft wird und auch sie abgeführt werden, wie vor drei Tagen Jesus, als sie mit ihm im Garten von Getsemani waren.

Doch niemand klopfte an die Tür. Niemand öffnete sie. Plötzlich war Er da. Keine verschlossene Tür hinderte Ihn. Jesus kam und trat in ihre Mitte. Unerwartet, frei, ungehindert. Seit diesem Osterabend ist das unzählige Male wieder geschehen. Jesus tritt ein. Er kommt unerwartet in das Leben von Menschen, tritt in das Haus ihres Lebens, und mag es auch noch so verschlossen sein. Er ist frei, souverän. Keine Mauern der Angst können ihn abhalten.

Fragen wir gläubige Menschen: Wie bist du zum Glauben gekommen? So wird die Antwort oft sein: Gott kam in mein Leben. Jesus habe ich als Lebenden, als Freund erfahren. Nicht immer ging das so plötzlich wie bei den Aposteln an diesem unvergesslichen Abend. Bei manchen kommt Jesus allmählich, bei anderen war Er immer schon da, ein Vertrauter von Kindheit an.

Viele werden ihren eigenen Glaubensweg in Thomas wiederfinden, dem Apostel, der nur glauben will, was er sehen und berühren kann. Er will nicht nur hören, was andere angeblich gesehen und erlebt haben. Er will selber „begreifen", „erfassen". Nun dann ist auch er bereit zu glauben.

Wir können dem guten Thomas nur dankbar sein. Es hilft uns zu wissen, dass auch die Apostel nicht einfach zu allem Ja und Amen gesagt haben. Es tut gut zu sehen, dass selbst

Apostel ihre Fragen und Zweifel haben. Es ist aber noch wichtiger zu erfahren, wie sie Antwort auf ihre Zweifel bekommen haben.

Ich vergesse nie, wie Papst Johannes Paul II. im Heiligen Jahr 2000 zu den Jugendlichen aus aller Welt sagte: „Ich weiß, es ist nicht leicht zu glauben. Aber es ist möglich". Thomas zeigt uns, wie es möglich ist. Jesus zeigt es uns. Jesus sagt auch zu mir wie zu Thomas: „Sei nicht ungläubig, sondern gläubig."

Wir wollen sehen, um zu glauben. Wir wollen irgendwie Gewissheit haben. Jesus sagt: „Selig, die nicht sehen und doch glauben". Soll ich blind vertrauen? Soll ich auf jedes Begreifen verzichten? Nein, denn das zu verlangen wäre unmenschlich! Mein Glaube ist nicht blind. Er richtet sich nicht ins Ungewisse. Ich glaube Jemandem. Ich glaube Jesus. Ich kann Ihn zwar nicht sehen, aber ich kann Ihn lieben. Ich kann Ihn nicht fassen, aber ich sehe so viele Seiner Spuren. Und manchmal darf ich es auch spüren: die Freude, dass Er da ist.

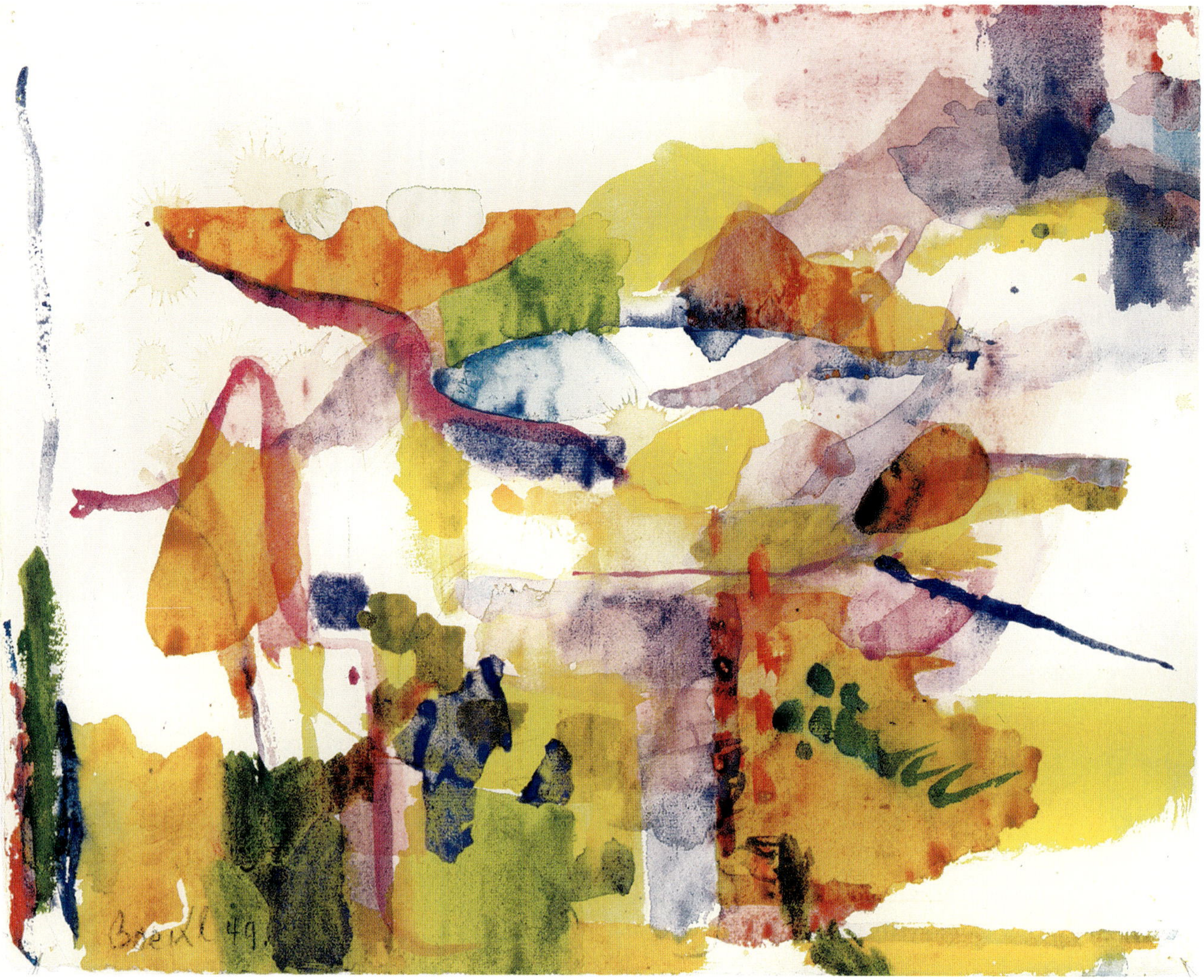

3. Sonntag der Osterzeit

**Lukasevangelium
24,35-48**

³⁵ Da erzählten auch sie, was sie unterwegs erlebt und wie sie ihn erkannt hatten, als er das Brot brach.
³⁶ Während sie noch darüber redeten, trat er selbst in ihre Mitte und sagte zu ihnen: Friede sei mit euch!
³⁷ Sie erschraken und hatten große Angst, denn sie meinten, einen Geist zu sehen.
³⁸ Da sagte er zu ihnen: Was seid ihr so bestürzt? Warum lasst ihr in eurem Herzen solche Zweifel aufkommen?
³⁹ Seht meine Hände und meine Füße an: Ich bin es selbst. Fasst mich doch an, und begreift: Kein Geist hat Fleisch und Knochen, wie ihr es bei mir seht.
⁴⁰ Bei diesen Worten zeigte er ihnen seine Hände und Füße.
⁴¹ Sie staunten, konnten es aber vor Freude immer noch nicht glauben. Da sagte er zu ihnen: Habt ihr etwas zu essen hier?
⁴² Sie gaben ihm ein Stück gebratenen Fisch;
⁴³ er nahm es und aß es vor ihren Augen.
⁴⁴ Dann sprach er zu ihnen: Das sind die Worte, die ich zu euch gesagt habe, als ich noch bei euch war: Alles muss in Erfüllung gehen, was im Gesetz des Mose, bei den Propheten und in den Psalmen über mich gesagt ist.
⁴⁵ Darauf öffnete er ihnen die Augen für das Verständnis der Schrift.
⁴⁶ Er sagte zu ihnen: So steht es in der Schrift: Der Messias wird leiden und am dritten Tag von den Toten auferstehen,
⁴⁷ und in seinem Namen wird man allen Völkern, angefangen in Jerusalem, verkünden, sie sollen umkehren, damit ihre Sünden vergeben werden.
⁴⁸ Ihr seid Zeugen dafür.

**Herbert Boeckl
Abstraktion einer Landschaft**
Aquarell, sign. u. dat. 49 (Blei.) | 33,5 x 42 | OM 243
IV G 211

War die Auferstehung Jesu die „Wiederbelebung" einer Leiche? Nein, Jesus ist endgültig auferstanden. Er ist nicht mehr ein „Erdenpilger" wie wir, sondern Er ist „heimgekehrt", mit Seinem ganzen Wesen, Leib und Seele, in ein unzerstörbares Leben. Deshalb kann Er uns nahe bleiben, nicht nur wie ein Geist, sondern voll und ganz.

Weil es wirklich so ist

Nach aktuellen Statistiken glauben 84 Prozent der Österreicher an Gott (in Polen sind es 97, in Tschechien nur 37). Dagegen glauben nur 67 Prozent der Österreicher an ein Leben nach dem Tod (in Polen sind es 81, in Tschechien 36). Fragt man noch weiter, wer an eine leibliche Auferstehung der Toten glaubt, so sinkt der Prozentsatz dramatisch. Erstaunlich hoch ist die Zahl derer, die an „Reinkarnation" glauben, an verschiedene „Wiedergeburten" hier auf Erden.

Gott – ja, aber Leben nach dem Tod? Und gar Auferstehung dieses Leibes? Was bedeutet dann aber das Osterfest? Was soll das österliche „der Heiland ist erstanden", das in allen Kirchen gesungen wird? Was soll die Rede vom leeren Grab und den Erscheinungen Jesu, wie er sich „leibhaftig" seinen Aposteln und einigen anderen gezeigt hat?

Ich erinnere mich an meine Anfangszeit als junger Universitätsprofessor für Theologie, als ich in der Vorlesung über die Auferstehung Jesu das heutige Evangelium hernahm, in dem Christus sich so richtig „handfest" greifbar seinen zweifelnden und erschrockenen Jüngern zeigte, sich von ihnen berühren ließ und vor ihren Augen Fisch aß. Als einige Studenten fragten, ob ich ernsthaft glaube, dass das wirklich so gewesen sei, bejahte ich ohne Zögern. Darauf gab es einen heftigen Proteststurm. Das könne man doch heute nicht mehr so wörtlich glauben. Es sei eine Zumutung für einen „modernen Menschen", solche Legenden für die Wirklichkeit zu halten. Meine Ansichten wurden als hoffnungslos veraltet abgetan.

Nun bin ich sicher nicht der Erste, dem solches widerfährt. Schon Paulus hat nur Kopfschütteln und Gelächter geerntet, als er den Athenern von der Auferstehung Jesu zu erzählen begann. Der heilige Augustinus (4./5. Jh.) stellt nüchtern fest: „Der christliche Glaube stößt in keinem Punkt auf mehr Widerspruch als in Bezug auf die Auferstehung des Fleisches." Ein Leben nach dem Tod, das nehmen doch die meisten irgendwie an, aber wozu eine Auferstehung dieses Leibes, dieses armseligen Fleisches? Warum ist denn für den christlichen Glauben die leibliche Auferstehung so wichtig?

Warum sagt der Apostel Paulus, dass „unser Glaube leer" und unsere Hoffnung vergeblich ist, wenn es keine Auferstehung gibt? Was bewegt die Kirche, an diesem Glauben gegen alle Widersprüche festzuhalten, sich lieber auslachen zu lassen als ihn preiszugeben?

Dafür gibt es meines Erachtens nur einen wirklichen Grund: Weil es so war! Sie haben Jesus wirklich so erlebt, wie das Evangelium es heute beschreibt. Sie haben tatsächlich mit Ihm „nach seiner Auferstehung gegessen und getrunken", wie sie immer wieder erzählen. Sie haben nicht ein Gespenst gesehen, sondern Ihn selbst, mit „Fleisch und Knochen".

Aber was soll das? War die Auferstehung Jesu die „Wiederbelebung" einer Leiche? Oder war Er gar nur scheintot, wie manche behaupten? So haben sie Ihn nicht erlebt. Dann wäre Er ja später doch (wieder) gestorben. Nein, Er ist endgültig auferstanden! Er ist nicht mehr ein „Erdenpilger" wie wir, sondern ist „heimgekehrt", mit Seinem ganzen Wesen, Leib und Seele, in ein unzerstörbares Leben.

Deshalb kann Er uns nahe bleiben, nicht nur wie ein Geist, sondern voll und ganz: „Ich bin bei euch, alle Tage …" sagt er am Schluss Seiner Erscheinungen. Er bleibt für uns „greifbar", im Nächsten, der mich braucht; in Seiner Kirche, die wir Seinen „Leib" nennen, im Brot der Eucharistie, das wir „Leib Christi" nennen. Das alles ist so, weil Er wirklich auferstanden ist.

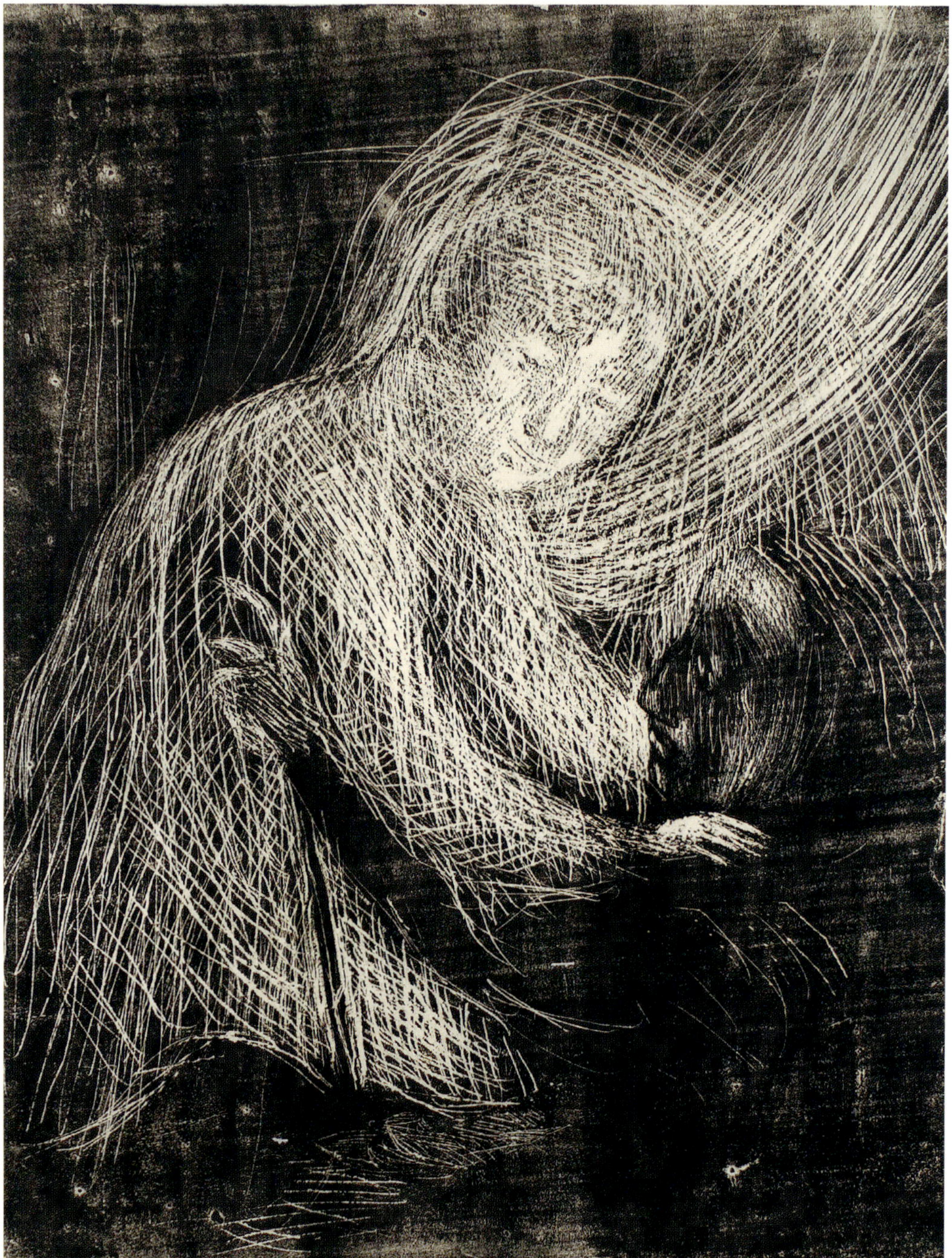

4. Sonntag der Osterzeit

Johannesevangelium 10,11–18

¹¹ Ich bin der gute Hirt. Der gute Hirt gibt sein Leben hin für die Schafe.
¹² Der bezahlte Knecht aber, der nicht Hirt ist und dem die Schafe nicht gehören, lässt die Schafe im Stich und flieht, wenn er den Wolf kommen sieht; und der Wolf reißt sie und jagt sie auseinander. Er flieht,
¹³ weil er nur ein bezahlter Knecht ist und ihm an den Schafen nichts liegt.
¹⁴ Ich bin der gute Hirt; ich kenne die Meinen, und die Meinen kennen mich,
¹⁵ wie mich der Vater kennt und ich den Vater kenne; und ich gebe mein Leben hin für die Schafe.
¹⁶ Ich habe noch andere Schafe, die nicht aus diesem Stall sind; auch sie muss ich führen, und sie werden auf meine Stimme hören; dann wird es nur eine Herde geben und einen Hirten.
¹⁷ Deshalb liebt mich der Vater, weil ich mein Leben hingebe, um es wieder zu nehmen.
¹⁸ Niemand entreißt es mir, sondern ich gebe es aus freiem Willen hin. Ich habe Macht, es hinzugeben, und ich habe Macht, es wieder zu nehmen. Diesen Auftrag habe ich von meinem Vater empfangen.

Margret Bilger
Der ruhende Hirte
Holzschnitt / Seidenpapier, monogr. | 49 x 35,5
OM 126 | MB 63

„Der wahre Hirte aller Menschen, der lebendige Gott, ist selber zum Lamm geworden, er hat sich auf die Seite der Lämmer, der Getretenen und Geschlachteten gestellt. Gerade so zeigt er sich als der wahre Hirte. Nicht die Gewalt erlöst, sondern die Liebe."
(Papst Benedikt XVI.)

Gott hat Geduld

Auf einem alten Foto aus meiner böhmischen Heimat sieht man eine große Schafherde. An einen Baum gelehnt steht der Hirte. Er strickt an einem langen Wollstrumpf. Neben ihm der Schäferhund.

Kaum ein Kind kennt heute diesen Anblick aus direktem Erlebnis. Im Fernsehen, aus anderen Ländern, sieht man vielleicht Schafhirten. In unseren Weinviertler Dörfern, in denen ich oft auf Pfarrbesuch bin, gibt es praktisch keine Kühe mehr, kaum Hühner, am ehesten Pferde. Auch das Bild vom Hirten und seinen Schafen ist fremd geworden.

Und doch glaube ich, dass die Worte Jesu vom guten Hirten uns direkt berühren. Oder geht es nur mir so? Ist es nicht so etwas wie ein „Urbild", das tief in der Seele verwurzelt ist? „Ich bin der gute Hirt; ich kenne die Meinen ... und ich gebe mein Leben hin für die Schafe." Bei mir – und ich hoffe nicht nur bei mir – lösen dieses Wort und dieses Bild eine starke Sehnsucht aus.

Es ist ein Bild großer Geborgenheit. Der Hirte, von dem Jesus spricht, denkt nicht nur an sich, sein Geschäft, seinen Gewinn. Für ihn ist Hirte-Sein nicht irgendein Job. Dieser Hirte ist anders.

Er ist vor allem mutig. Er traut sich was für die Seinen. Er schaut nicht tatenlos zu, wie die Herde vom Wolf angegriffen wird und in Panik auseinanderrennt. Dieser Hirte verteidigt die Seinen und riskiert für sie sein Leben. Bei einem solchen Hirten weiß ich mich geborgen und beschützt, und danach sehnen sich wohl alle.

Dieser Hirte ist nicht nur tapfer, er kennt auch die Seinen. Nicht irgendwie und oberflächlich, sondern wirklich. Er kennt und nennt mich beim Namen. Ich bin für ihn nicht einfach die Nummer X. Er weiß um mich, versteht, was in mir vorgeht, ohne dass ich es groß erklären muss. Er sieht es mir an, er weiß es „von innen her". So gekannt zu sein könnte schlimm sein, wenn er mich kritisch und ablehnend durchschauen würde. Er kennt mich aber anders. Er kennt mich als der gute, sorgende Hirte. Es ist gut, sich so gekannt und verstanden zu wissen.

Noch etwas Besonderes hat dieser Hirte. Er hat „noch andere Schafe, die nicht aus diesem Stall sind". Auch für sie ist er da. Seine Sorge gilt nicht nur „uns", die zu „seinem" Stall gehören, sondern auch den fremden Schafen. Er ist nicht parteiisch, nur um die „Seinen" besorgt, denn im Grunde sind sie alle die Seinen und sollen alle einmal „nur eine Herde" unter „einem Hirten" bilden.

Ein schönes Traumbild? Jesus sagt, dass er das alles ist: „Ich bin der gute Hirte." Ist das glaubwürdig? Kann ich mich darauf einlassen? Papst Benedikt XVI. hat, als er sein Amt antrat, genau dazu eingeladen. Seine Worte bleiben mir unvergesslich: „Der wahre Hirte aller Menschen, der lebendige Gott, ist selber zum Lamm geworden, er hat sich auf die Seite der Lämmer, der Getretenen und Geschlachteten gestellt. Gerade so zeigt er sich als der wahre Hirte ... Nicht die Gewalt erlöst, sondern die Liebe ... Wie oft wünschen wir, dass Gott sich stärker zeigen würde. Dass er dreinschlagen würde, das Böse ausrotten und die bessere Welt schaffen ... Wir leiden unter der Geduld Gottes. Und doch brauchen wir sie alle ... Die Welt wurde durch den Gekreuzigten und nicht durch die Kreuziger erlöst. Die Welt wird durch die Geduld Gottes erlöst und durch die Ungeduld der Menschen verwüstet."

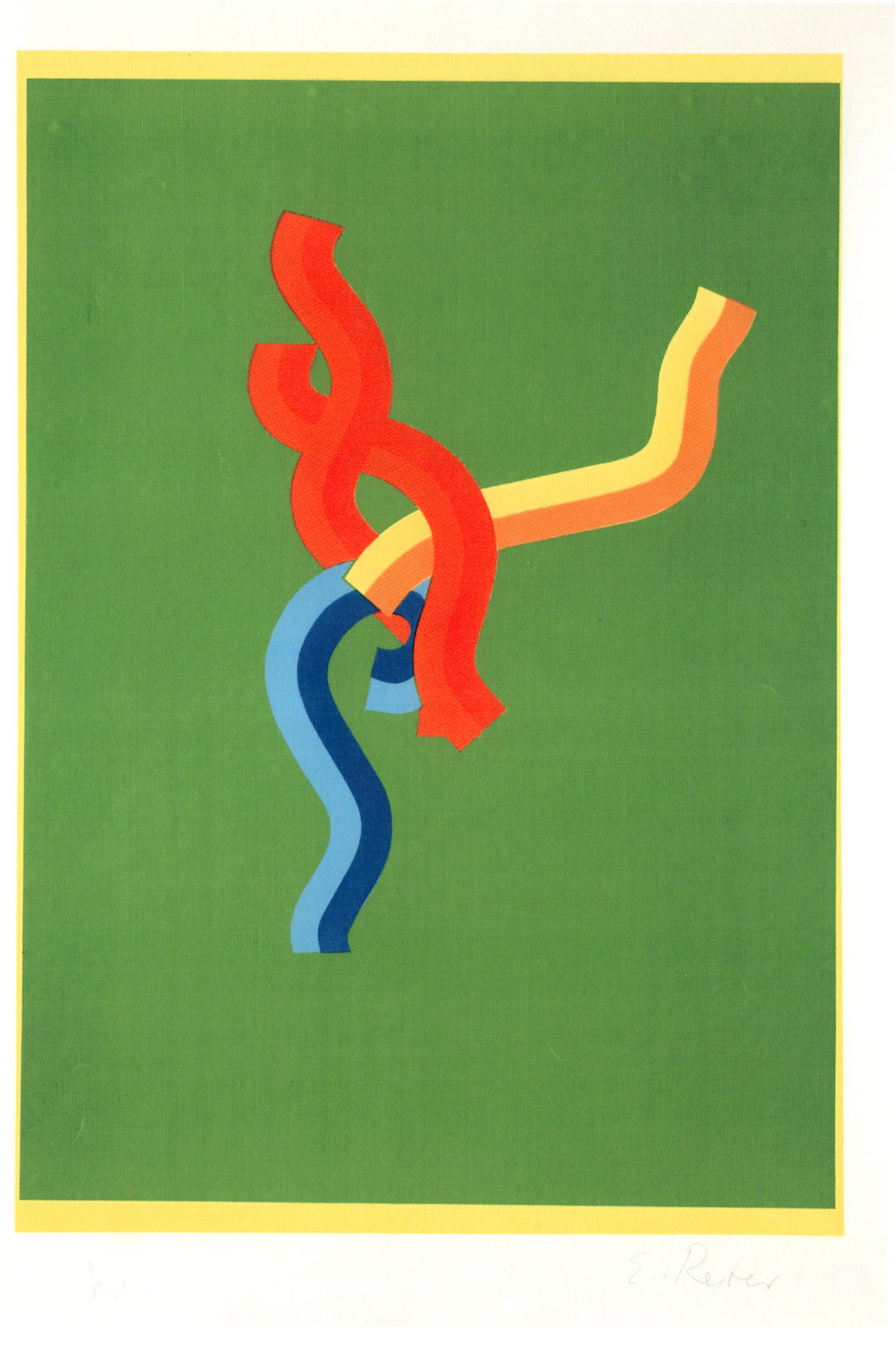
E. Reiter

5. Sonntag der Osterzeit

Johannesevangelium 15,1–8

1 Ich bin der wahre Weinstock, und mein Vater ist der Winzer.
2 Jede Rebe an mir, die keine Frucht bringt, schneidet er ab, und jede Rebe, die Frucht bringt, reinigt er, damit sie mehr Frucht bringt.
3 Ihr seid schon rein durch das Wort, das ich zu euch gesagt habe.
4 Bleibt in mir, dann bleibe ich in euch. Wie die Rebe aus sich keine Frucht bringen kann, sondern nur, wenn sie am Weinstock bleibt, so könnt auch ihr keine Frucht bringen, wenn ihr nicht in mir bleibt.
5 Ich bin der Weinstock, ihr seid die Reben. Wer in mir bleibt und in wem ich bleibe, der bringt reiche Frucht; denn getrennt von mir könnt ihr nichts vollbringen.
6 Wer nicht in mir bleibt, wird wie die Rebe weggeworfen, und er verdorrt. Man sammelt die Reben, wirft sie ins Feuer, und sie verbrennen.
7 Wenn ihr in mir bleibt und wenn meine Worte in euch bleiben, dann bittet um alles, was ihr wollt: Ihr werdet es erhalten.
8 Mein Vater wird dadurch verherrlicht, dass ihr reiche Frucht bringt und meine Jünger werdet.

Erwin Reiter
o.T.
Siebdruck, sign. u. bez. h.c.
70 x 50 | OM 1566 | III G/122

Jesus ist der Weinstock, wir die Rebzweige. Eine engere Verbindung gibt es nicht. Sie ist für die Zweige lebensnotwendig. Aus sich bringt kein Rebzweig Trauben. Losgelöst vom Weinstock ist er bestenfalls zum Anheizen gut. Kein Mensch lebt „unverbunden". Wir haben alle unsere Wurzeln. Ohne solche Verbindungen kann niemand leben.

Gibt es guten Wein?

Weinstock und Rebzweige: ein vertrautes Bild. Im Winter waren die Weinstöcke wie tot, die Rebzweige bis aufs Äußerste zurückgestutzt, der Rest verdorrt, verbrannt oder verrottet. Jetzt treiben sie wieder aus, und in einigen Monaten werden wir das Wunder des neuen Weins erleben.

Jesus und seine Jünger kennen den Weinbau. Er ist bei ihnen seit Urzeiten zu Hause. So kann Jesus das Bild vom Weinstock und den Rebzweigen verwenden, um ihnen (und uns) ganz Wichtiges zu sagen, Wunderschönes und Schmerzliches.

Zuerst der Winzer: Jesus nennt ihn „mein Vater". Er meint den, den wir „unser Vater" nennen dürfen. Zum Geschäft des Winzers gehört das Schneiden. Wenn die Rebzweige austreiben, muss er sie kräftig stutzen. Die jungen Reben schießen ins Kraut, werden unfruchtbarer Wildwuchs, saugen viel Saft und bringen nichts. Es wirkt grausam, dem Winzer beim Schneiden zuzusehen. Aber nur so gibt es gute Frucht.

Wo ist Gott Winzer in meinem Leben? Wo schneidet er scheinbar herzlos hinein? Stutzt weg, was wie blühendes Leben aussieht? Wenn ich doch manches Schwere so annehmen könnte: Du stutzt mich zurecht, nicht weil Du mir übel willst, sondern damit ich einmal eine gute Ernte meines Lebens einbringen kann. Du reinigst mich, damit ich „mehr Frucht bringe".

Zweites Bild: Jesus ist der Weinstock, wir die Rebzweige. Eine engere Verbindung gibt es nicht. Sie ist für die Zweige lebensnotwendig. Aus sich bringt kein Rebzweig Trauben. Losgelöst vom Weinstock ist er bestenfalls zum Anheizen gut.

Kein Mensch lebt „unverbunden". Wir haben alle unsere Wurzeln: die Eltern, die Familie, leibliche „Blutsverwandtschaft" und seelische Verbindungen mit Freunden und mit Geistesverwandten. Ohne solche Verbindungen kann niemand leben. Die Wurzeln reichen tiefer, weit hinein ins Tier- und Pflanzenreich. Durch die moderne Wissenschaft wissen wir besser, wie stark unsere Gemeinsamkeiten mit allen Lebewesen sind. Wir sind Teil der Natur, das Leben hat überall dieselben Bausteine und Baupläne.

Selbst die unbelebte Natur der Chemie und Physik, der Moleküle und Atome ist uns nicht fremd. Wir tragen in uns dieselben Atome, die auch die gigantischen Weiten des Universums bilden. Kurzum: Wir sind mit Leib und Seele mit dem All verbunden, mit allem und mit allen. Niemand ist eine einsame Insel.

Das wäre aber alles zu wenig, wenn es nicht auch die Verbindung „nach oben" gäbe. Wir sind nicht nur von dieser Welt. Selbst wenn wir nicht daran denken, ist die Beziehung zu unserem Schöpfer da. Sie ist es, die uns trägt. Er gibt Sein und Leben. Diesem Quell verdanken wir alles, uns selbst und die ganze Welt.

Jesus sagt uns, dass wir daran denken sollen: „Bleibt in mir, und ich bleibe in euch." Sein Wort ist nüchtern und wahr: „Ohne mich könnt ihr nichts tun." Wir tun viel ohne Ihn. Aber was kommt dabei heraus? „Nichts", sagt Jesus. Ohne die lebendige Verbindung mit Ihm läuft alles leer. Mit Ihm erst gibt es „reiche Frucht", guten Wein.

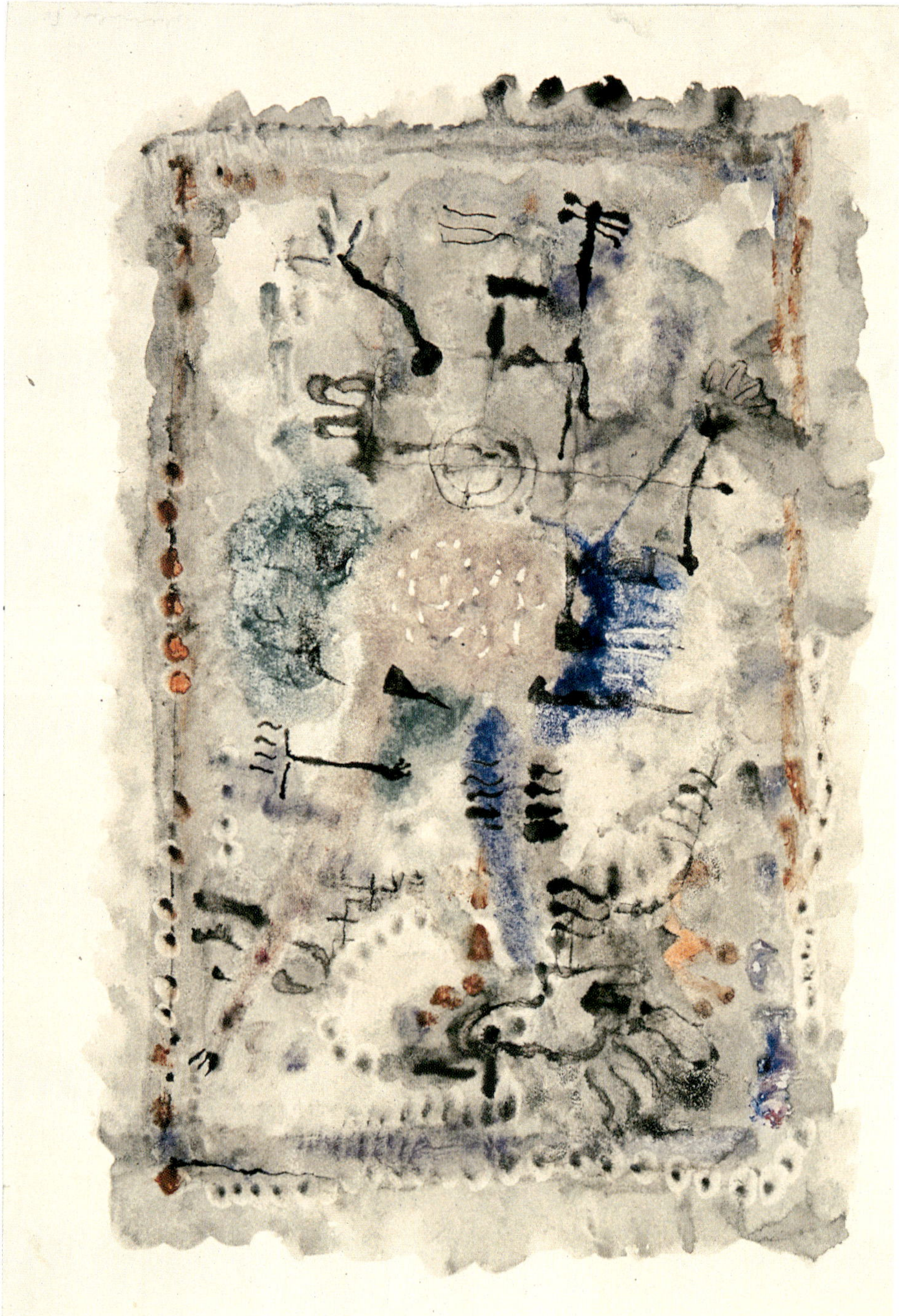

6. Sonntag der Osterzeit

Johannesevangelium 15,9–17

⁹ Wie mich der Vater geliebt hat, so habe auch ich euch geliebt. Bleibt in meiner Liebe!
¹⁰ Wenn ihr meine Gebote haltet, werdet ihr in meiner Liebe bleiben, so wie ich die Gebote meines Vaters gehalten habe und in seiner Liebe bleibe.
¹¹ Dies habe ich euch gesagt, damit meine Freude in euch ist und damit eure Freude vollkommen wird.
¹² Das ist mein Gebot: Liebt einander, so wie ich euch geliebt habe.
¹³ Es gibt keine größere Liebe, als wenn einer sein Leben für seine Freunde hingibt.
¹⁴ Ihr seid meine Freunde, wenn ihr tut, was ich euch auftrage.
¹⁵ Ich nenne euch nicht mehr Knechte; denn der Knecht weiß nicht, was sein Herr tut. Vielmehr habe ich euch Freunde genannt; denn ich habe euch alles mitgeteilt, was ich von meinem Vater gehört habe.
¹⁶ Nicht ihr habt mich erwählt, sondern ich habe euch erwählt und dazu bestimmt, dass ihr euch aufmacht und Frucht bringt und dass eure Frucht bleibt. Dann wird euch der Vater alles geben, um was ihr ihn in meinem Namen bittet.
¹⁷ Dies trage ich euch auf: Liebt einander!

Oswald Oberhuber
Die hohe Umarmung
Gouache, sign. u. dat. 50, verso betit. | 50 x 34,8
OM 1410 | X/19

Es gibt im Grunde nur eine Liebe, die sich in verschiedenen Weisen äußert. Ihr Ursprung ist Gott selber. Weil wir aus dem Stoff der Liebe gemacht sind, können wir ohne sie nicht leben. Jesus sagt es: „Es gibt keine größere Liebe, als wenn einer sein Leben für seine Freunde hingibt." Hingabe ist das Geheimnis jeder Liebe.

Ich nenne euch Freunde

Mir ist dieses Wort Jesu im heutigen Evangelium besonders kostbar. Als ich 1991 von Papst Johannes Paul II. zum Weihbischof von Wien ernannt wurde, habe ich es mir als Motto gewählt: „Vos autem dixi amicos." - „Euch aber habe ich Freunde genannt."

„Freundschaft" - worin besteht sie? Was macht sie aus? Und was heißt es, mit Jesus Freund zu sein?

Vielleicht hilft es, auf die klassische Lehre von den vier Arten der Liebe zurückzugreifen. Da ist zuerst die erotische Liebe. Sie ist mehr als Sexualität, hat aber viel mit ihr zu tun. Ihr „Kitt" ist die Anziehungskraft der Geschlechter. Anders ist die Liebe einer Mutter für ihr Kind. Nennen wir sie die Elternliebe. Sie wird genährt vom „Brutpflegeinstinkt", den es schon in der Tierwelt gibt. Sie entfaltet sich in der Hingabe für die eigenen Kinder. Eine dritte Form der Liebe ist es, wenn eine Krankenschwester für einen Patienten sorgt oder wenn wir einem Menschen in Not helfen. Wir können das die caritative Liebe nennen. Und schließlich ist es nochmals eine andere Art der Liebe, wenn zwei Menschen über viele Jahre gute Freunde sind. Es ist die Freundesliebe.

Diese vier Arten der Liebe sind wie vier Ströme, die eine gemeinsame Quelle haben: die Liebe selbst. Es gibt im Grunde nur eine Liebe, die sich in verschiedenen Weisen äußert. Ihr Ursprung ist Gott selbst. „Gott ist Liebe", sagt die Bibel (Joh 4,16). Und Jesus sagt heute: „Wie mich der Vater geliebt hat, so habe auch ich euch geliebt. Bleibt in meiner Liebe." Weil wir aus dem Stoff der Liebe gemacht sind, können wir ohne sie nicht leben. Im Hass verkommen wir, Lieblosigkeit zerstört die Freude am Leben. Jesus will, dass „meine Freude in euch ist". Das geht nicht ohne die Liebe.

Worin besteht nun die Liebe? Was macht alle diese Ausdrucksformen zu Arten der Liebe? Jesus sagt es: „Es gibt keine größere Liebe, als wenn einer sein Leben für seine Freunde hingibt." Hingabe ist das Geheimnis jeder Liebe. Ohne sie wird Eros zur Marktware, die Elternliebe zum Egoismus, die Caritas zur lästigen Pflicht. Und Freundschaft entsteht erst gar nicht, wenn der eine Teil nur an seinen Vorteil denkt.

Freundschaft hat das Besondere, dass sie gegenseitig ist. Es gibt keine einseitige Freundschaft. Bleibt das Angebot, Freunde zu werden, unbeantwortet, dann entsteht keine Freundschaft.

Jesus hat uns seine Freundschaft angeboten. Wie können wir darauf eingehen, um seine Freunde zu werden? Freundschaft bedeutet, sich auf den anderen einlassen. Bei Jesus heißt das: „Ihr seid meine Freunde, wenn ihr tut, was ich euch auftrage." Der Freund will den Freund nicht enttäuschen. Dazu ist die Freundschaft zu kostbar. Dieser Freund, Jesus, hat mich nie enttäuscht. Ich ihn sicher öfters. Aber er ist und bleibt der ganz treue Freund.

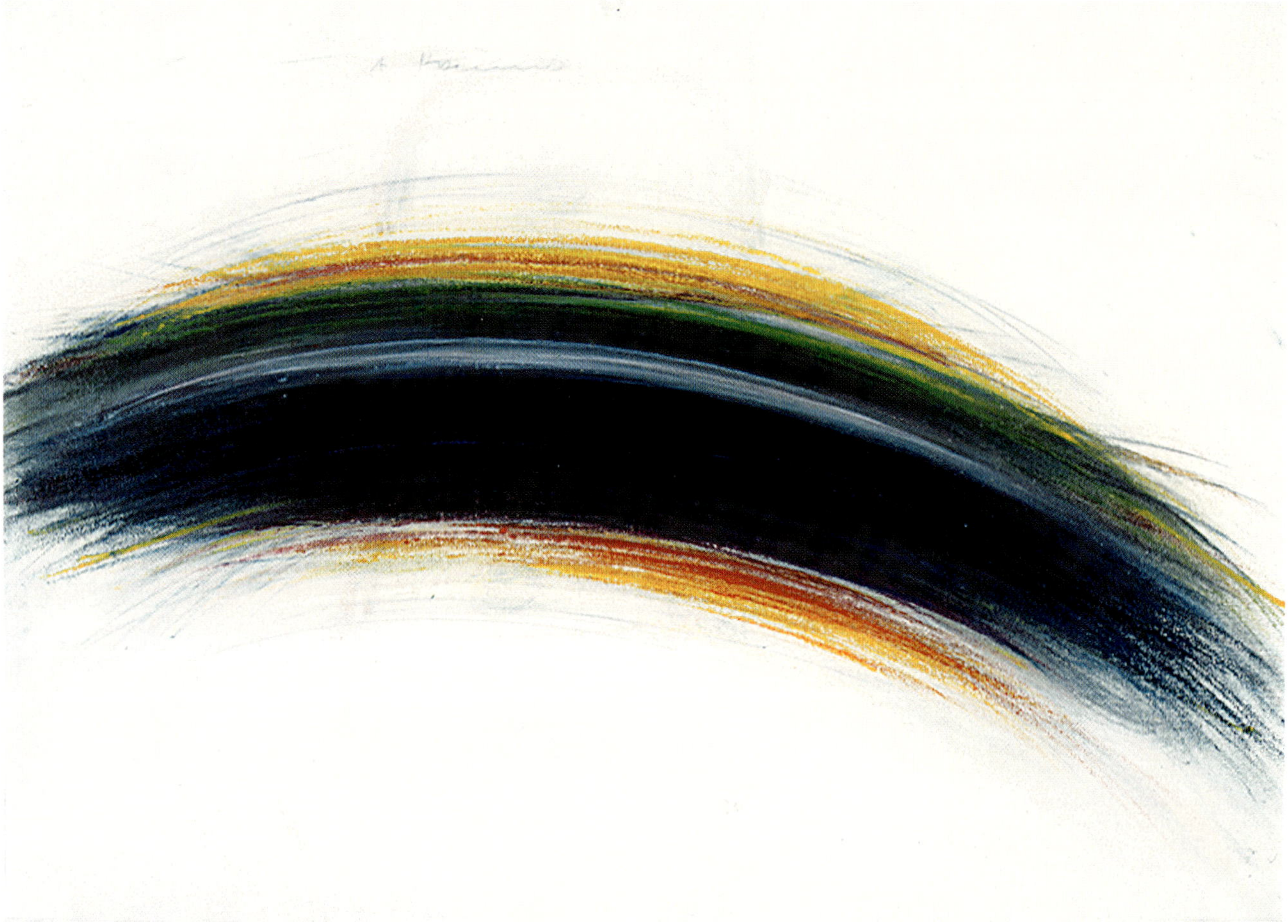

Christi Himmelfahrt

**Apostelgeschichte
1,1–11**

¹ Im ersten Buch, lieber Theophilus, habe ich über alles berichtet, was Jesus getan und gelehrt hat,

² bis zu dem Tag, an dem er (in den Himmel) aufgenommen wurde. Vorher hat er durch den Heiligen Geist den Aposteln, die er sich erwählt hatte, Anweisungen gegeben.

³ Ihnen hat er nach seinem Leiden durch viele Beweise gezeigt, dass er lebt; vierzig Tage hindurch ist er ihnen erschienen und hat vom Reich Gottes gesprochen.

⁴ Beim gemeinsamen Mahl gebot er ihnen: Geht nicht weg von Jerusalem, sondern wartet auf die Verheißung des Vaters, die ihr von mir vernommen habt.

⁵ Johannes hat mit Wasser getauft, ihr aber werdet schon in wenigen Tagen mit dem Heiligen Geist getauft.

⁶ Als sie nun beisammen waren, fragten sie ihn: Herr, stellst du in dieser Zeit das Reich für Israel wieder her?

⁷ Er sagte zu ihnen: Euch steht es nicht zu, Zeiten und Fristen zu erfahren, die der Vater in seiner Macht festgesetzt hat.

⁸ Aber ihr werdet die Kraft des Heiligen Geistes empfangen, der auf euch herabkommen wird; und ihr werdet meine Zeugen sein in Jerusalem und in ganz Judäa und Samarien und bis an die Grenzen der Erde.

⁹ Als er das gesagt hatte, wurde er vor ihren Augen emporgehoben, und eine Wolke nahm ihn auf und entzog ihn ihren Blicken.

¹⁰ Während sie unverwandt ihm nach zum Himmel emporschauten, standen plötzlich zwei Männer in weißen Gewändern bei ihnen

¹¹ und sagten: Ihr Männer von Galiläa, was steht ihr da und schaut zum Himmel empor? Dieser Jesus, der von euch ging und in den Himmel aufgenommen wurde, wird ebenso wiederkommen, wie ihr ihn habt zum Himmel hingehen sehen.

**Arnulf Rainer
Landschaft (großer Bogen)**
Öl und Ölkreide/Leinwand
sign., verso sign. u. dat. 63,
ger. | 74,5 x 105 | OM W 34

Am Anfang steht der Abschied. Er war von eigener Art. Er dauerte vierzig Tage. Jesus „erschien" den Seinen in dieser Zeit nach Ostern, in den Tagen nach seiner Auferstehung, er aß und sprach mit ihnen. Er war da und doch nicht mehr da. Er war nicht mehr von dieser Welt. Es war eine Zeit des Übergangs.

Abschied und Anfang

„Es ist gut für euch, dass ich gehe!" Am Abend vor seinem Leiden hatte Jesus das zu der kleinen Schar gesagt, die mit ihm zum Abendmahl beisammen war. Loslassen, Abschied nehmen: Das gehört zum Leben. Manchmal schmerzlich, herzzerreißend, manchmal sanft und wie erlösend. Oft ist der Abschied ein neuer Anfang. Wer zurückbleibt, muss sich im Leben neu orientieren. Das kann zu einem schöpferischen Neubeginn werden.

Am Anfang seines zweiten Buches steht bei Lukas der Abschied von Jesus. Sein erstes Buch, das Lukasevangelium, hatte er ebenfalls einem gewissen Theophilus gewidmet. Er hatte genau recherchiert, war der Geschichte Jesu von Anfang an gründlich nachgegangen. Seine Berichte über die Kindheit Jesu, über seine öffentliche Tätigkeit bis zum Ende in Jerusalem sind zuverlässig und sicher vertrauenswürdiger, als die phantasievollen Spekulationen über Jesu Leben, die heute auf den Sensationsmarkt gebracht werden.

In seinem zweiten Buch, der sogenannten „Apostelgeschichte", geht es um die Anfänge der Kirche. Meisterhaft knapp und spannend berichtet Lukas, wie aus der kleinen verschreckten Schar der Jünger Jesu in wenigen Jahren eine große Gemeinschaft wurde, mit Gemeinden überall in der alten Welt. Lukas war selbst Augenzeuge dieser Entwicklung, die bis heute nicht abgeschlossen ist. Sie wird erst zu Ende sein, wenn Jesus wiederkommt.

Am Anfang steht also der Abschied. Er war von eigener Art. Er dauerte vierzig Tage. Jesus „erschien" den Seinen in dieser Zeit nach Ostern, in den Tagen nach seiner Auferstehung, er aß und sprach mit ihnen. Er war da und doch nicht mehr da. Er war nicht mehr von dieser Welt. Es war eine Zeit des Überganges. Er bereitete sie auf die „Zeit danach" vor, in der sie nicht mehr mit seiner sichtbaren Gegenwart rechnen konnten.

Der Abschied fiel ihnen verständlicherweise schwer. Von einem alten Traum konnten sie sich nicht trennen. Sie hatten gehofft, Jesus werde ein mächtiges, weltliches, greifbares Reich Seiner Herrschaft errichten. Immer noch klammern sie sich an diese Erwartung: „Herr, stellst du in dieser Zeit das Reich für Israel wieder her?"

Den Traum von der mächtigen Kirche, von einem irdischen Gottesreich, träumen bis heute manche Christen. Jesus hat diese allzu menschlichen Wunschvorstellungen immer energisch zurückgewiesen. Nicht weltliche Macht hat er versprochen, sondern „die Kraft des Heiligen Geistes". Nicht um andere zu beherrschen, sondern um ihnen zu bezeugen, wer Jesus ist und was er uns schenkt. „Ihr werdet meine Zeugen sein … bis an die Grenzen der Erde." Nicht Welteroberung mit den Mitteln der Macht ist Jesu Programm, sondern das Zeugnis von der Kraft, die Jesus gibt, um hier auf dieser Erde gut, gerecht und solidarisch zu leben.

„Was steht ihr da, ihr Männer, und schaut zum Himmel hinauf?" Der Abschied wird zum Anfang. Träumt nicht, macht euch auf! Jesus ist bei euch. Sein Geist hilft euch. Geht zu allen Menschen. Seid seine Zeugen!

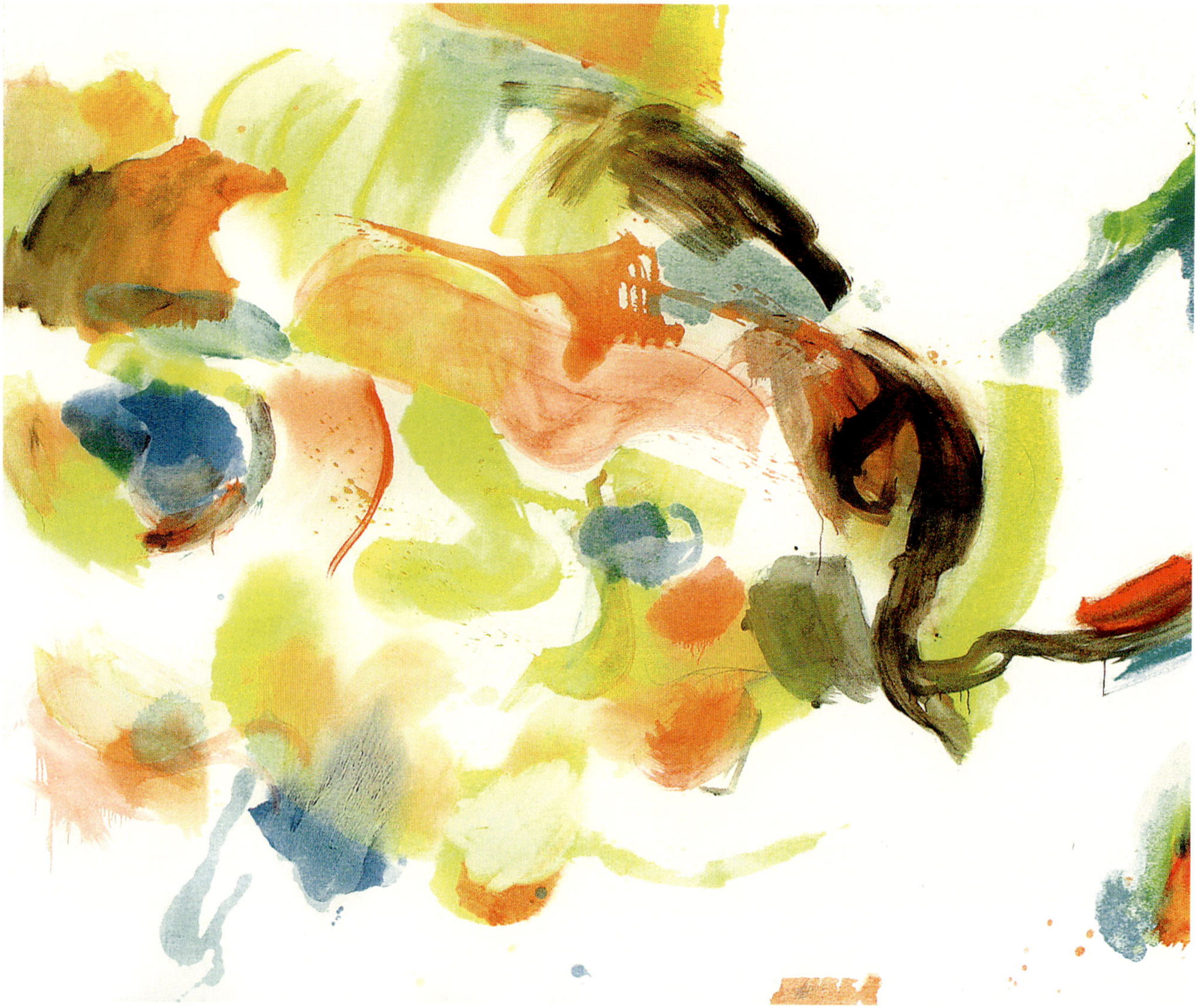

7. Sonntag der Osterzeit

Johannesevangelium 17,6a.11b-19

In jener Zeit erhob Jesus seine Augen zum Himmel und betete: Vater,
^{6a} Ich habe deinen Namen den Menschen offenbart, die du mir aus der Welt gegeben hast.
^{11b} Heiliger Vater, bewahre sie in deinem Namen, den du mir gegeben hast, damit sie eins sind wie wir.
¹² Solange ich bei ihnen war, bewahrte ich sie in deinem Namen, den du mir gegeben hast. Und ich habe sie behütet, und keiner von ihnen ging verloren, außer dem Sohn des Verderbens, damit sich die Schrift erfüllt.
¹³ Aber jetzt gehe ich zu dir. Doch dies rede ich noch in der Welt, damit sie meine Freude in Fülle in sich haben.
¹⁴ Ich habe ihnen dein Wort gegeben, und die Welt hat sie gehasst, weil sie nicht von der Welt sind, wie auch ich nicht von der Welt bin.
¹⁵ Ich bitte nicht, dass du sie aus der Welt nimmst, sondern dass du sie vor dem Bösen bewahrst.
¹⁶ Sie sind nicht von der Welt, wie auch ich nicht von der Welt bin.
¹⁷ Heilige sie in der Wahrheit; dein Wort ist Wahrheit.
¹⁸ Wie du mich in die Welt gesandt hast, so habe auch ich sie in die Welt gesandt.
¹⁹ Und ich heilige mich für sie, damit auch sie in der Wahrheit geheiligt sind.

Wolfgang Hollegha
o.T.
Mischtechnik (Bleistift, Acryl)/Leinwand | ger.
196 x 270 | OM 754 | 10

Jesu Abschiedsgebet. Angesichts seines Todes fasst er alles zusammen, was ihm wichtig ist. Er betet, dass alle seine Jünger, alle Kinder Gottes, eins seien. Nicht irgendwie sollen sie eins sein, wie eine Partei, ein Verein, sondern „wie wir", wie Jesus mit Gott seinem Vater. Nur wo die Liebe ist, wird diese Einheit spürbar.

Damit der Geist nicht ausgeht

Pfingsten ist nahe. Der nächste Sonntag ist schon Pfingstsonntag. Ein langes Wochenende, viel Verkehr und hoffentlich schönes Wetter. Und sonst noch etwas? Der Heilige Geist? Wer oder was ist das? Eine Taube? So wird er dargestellt, symbolisch. „Komm, Heiliger Geist", so wird in diesen Tagen gebetet. Aber worum wird da gebetet? Und was wird an diesem langen Pfingstwochenende eigentlich gefeiert?

Vor drei Tagen war „Christi Himmelfahrt", wieder ein langes Wochenende, extralang, gleich vier Tage an einem Stück. Viel Verkehr. Hoffentlich keine Toten! Und nochmals: Was wird da eigentlich gefeiert? Manchmal zum Ärger der Wirtschaft: so viele Feiertage. Zumindest dafür wäre der Kirche zu danken, dass sie uns so viele Festtage „beschert" hat, auch wenn wenig daran gedacht wird, was hier eigentlich gefeiert wird.

Zwischen „Christi Himmelfahrt" und Pfingsten liegt der heutige Sonntag. Er sagt uns, worum es Jesus ging und geht, ob wir daran denken oder nicht. Das heutige Evangelium ist ein einziges Gebet: Jesu Abschiedsgebet, innig und erschütternd. Es ist wie Jesu Testament. Angesichts seines Todes, in seiner letzten Nacht auf Erden, fasst er alles zusammen, was ihm wichtig ist. Er tut es in der Form eines Gebetes. Er betet zum Vater. Nur er kann Gott so vertraut ansprechen. Einen Moment lang lässt uns Jesus in sein Herz schauen. Er lässt uns sozusagen „mithören" bei seinem Gespräch mit Gott.

Um uns Menschen geht es in diesem Gebet, um die Sorge Jesu, was aus uns wird: „Vater, ich habe deinen Namen den Menschen geoffenbart". Deinen Namen, das heißt dich selbst! Jesus hat den Menschen Gott gezeigt. Er hat ihnen gezeigt, dass Gott Vater ist, Vater wie kein anderer, der sorgt und dem sie vertrauen können. Dass die Menschen das nie vergessen, dafür betet Jesus.

Wenn wir Menschen vergessen, dass Gott unser aller Vater ist, dann kommt Uneinigkeit auf. Deshalb betet Jesus, dass alle seine Jünger, alle Kinder Gottes, alle eins seien. Nicht irgendwie sollen sie eins sein, wie eine Partei, ein Verein, eine Interessensgemeinschaft, sondern „wie wir", wie Jesus mit Gott, seinem Vater. Eins sein wie die Dreifaltigkeit, darum betet Jesus für die Menschen. Nur wo die Liebe ist, wird diese Einheit spürbar. Nur wo wir einander als Kinder Gottes sehen und annehmen, kann diese Einheit ein wenig näher kommen.

Noch sind wir weit davon entfernt. „In der Welt" geht's meist anders zu. Da ist viel Zwietracht und Uneinigkeit. Da herrscht Hass und Bosheit. Deshalb betet Jesus für seine Jünger, Gott, der Vater möge sie vor dem Bösen bewahren. Er will und kann uns, solange wir hier leben, nicht aus der Welt herausnehmen. Aber er will, dass wir vor den Gefahren der Welt beschützt seien.

Und dass wir vor der Lüge bewahrt bleiben: „Heilige sie in der Wahrheit", so betet er für uns. Dass nichts Falsches, kein Ungeist, keine Verlogenheit sich unter uns Menschen breitmache, darum bittet Jesus den Vater. Da bleibt viel zu tun. Denn vieles liegt im Argen. Viel Heiliger Geist tut Not. Darum betet die Kirche auf Pfingsten hin täglich: Komm, Heiliger Geist! Damit unserer Zeit der Geist nicht ausgeht.

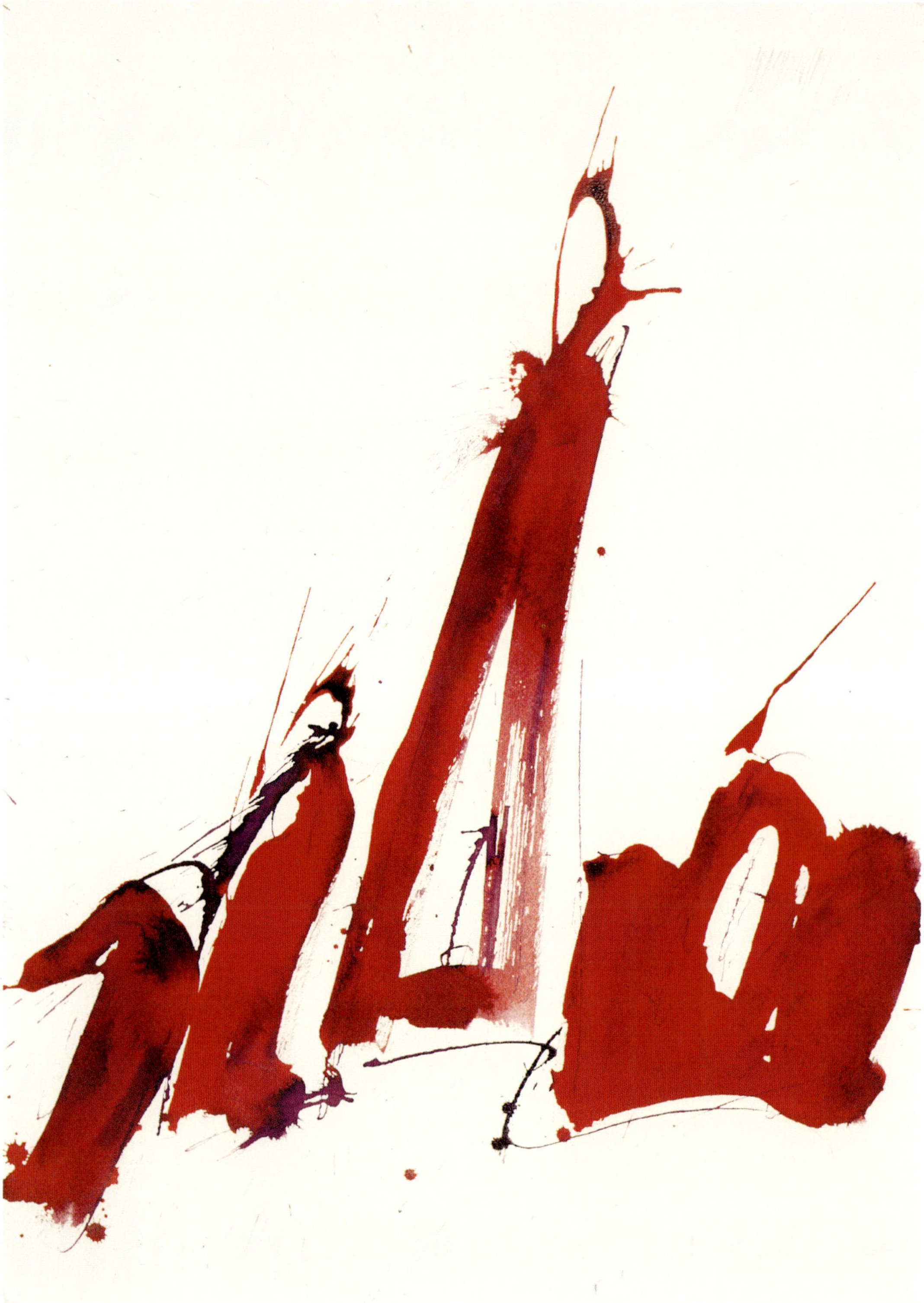

Pfingstsonntag

Apostelgeschichte
2,1–11

¹ Als der Pfingsttag gekommen war, befanden sich alle am gleichen Ort.
² Da kam plötzlich vom Himmel her ein Brausen, wie wenn ein heftiger Sturm daherfährt, und erfüllte das ganze Haus, in dem sie waren.
³ Und es erschienen ihnen Zungen wie von Feuer, die sich verteilten; auf jeden von ihnen ließ sich eine nieder.
⁴ Alle wurden mit dem Heiligen Geist erfüllt und begannen, in fremden Sprachen zu reden, wie es der Geist ihnen eingab.
⁵ In Jerusalem aber wohnten Juden, fromme Männer aus allen Völkern unter dem Himmel.
⁶ Als sich das Getöse erhob, strömte die Menge zusammen und war ganz bestürzt; denn jeder hörte sie in seiner Sprache reden.
⁷ Sie gerieten außer sich vor Staunen und sagten: Sind das nicht alles Galiläer, die hier reden?
⁸ Wieso kann sie jeder von uns in seiner Muttersprache hören:
⁹ Parther, Meder und Elamiter, Bewohner von Mesopotamien, Judäa und Kappadozien, von Pontus und der Provinz Asien,
¹⁰ von Phrygien und Pamphylien, von Ägypten und dem Gebiet Libyens nach Zyrene hin, auch die Römer, die sich hier aufhalten,
¹¹ Juden und Proselyten, Kreter und Araber, wir hören sie in unseren Sprachen Gottes große Taten verkünden.

Markus Prachensky
Solitude
Rote, violette u. schw. T.,
sign. u. dat. 64 | 70,5 x 51
OM 1504 | III G/104

Das Sprachenwunder von Pfingsten bestand nicht in einem plötzlichen Erlernen aller möglichen Sprachen. Es war das Wunder, dass die Worte der Jünger Jesu die Kraft hatten, das Leben der Zuhörer zu verändern. Manchmal geschieht das auch heute. Manchmal geschieht das sogar mit unseren eigenen Worten.

Das Sprachenwunder

„Jeder hörte sie in seiner Sprache reden." Das Geschehen in Jerusalem am Pfingstfest, das Kommen des Heiligen Geistes, zeigte sich den vielen Menschen vor allem als eine Art „Sprachenwunder". Worin bestand es? Was bedeutet es? Sehen wir uns zuerst an, was damals in Jerusalem geschah.

Zum Pfingstfest, fünfzig Tage nach Ostern, kamen wieder viele Pilger nach Jerusalem. Es waren gläubige Juden, die oft von weither kamen, um an den hohen Festen im Zentrum jüdischen Glaubens und Lebens, im Tempel in Jerusalem, anzubeten und zu feiern.

Die Apostel waren schon in Jerusalem. Nach der Himmelfahrt Jesu blieben sie mit Maria und anderen Frauen und Männern, der kleinen Schar der ersten Jünger im Abendmahlssaal zusammen. Dort hatte Jesus mit ihnen den letzten Abend vor seiner Festnahme und Kreuzigung verbracht. Dort hatten sie sich aus Angst versteckt gehalten, als Jesus ihnen bei verschlossenen Türen erschien. Dort hatten sie sehen und (ganz wörtlich) begreifen können, dass er lebt, aus dem Grab auferstanden ist.

Dort waren sie also an diesem Morgen versammelt, am Pfingstfest. Was geschah da „plötzlich", um die dritte Stunde, also gegen neun Uhr vormittags? Ein Brausen, wie ein heftiger Sturm. So etwas wie Feuerzungen über allen. Und ein „begeistertes" Reden, „in fremden Sprachen, wie es der Geist ihnen eingab".

Die Menge strömt zusammen, betroffen von dem, was sie da erleben. „Jeder hörte sie in seiner Sprache reden." Voller Verwunderung fragen sich die Leute, wie das möglich ist: „Wieso kann sie jeder von uns in seiner Muttersprache hören?" Worin bestand das „Sprachenwunder" von Jerusalem? Eines ist sicher: An diesem Tag geschah so etwas wie die „Geburtsstunde" der Kirche. Aus verängstigten, verschreckten Jüngern Jesu wurden mutige Menschen, die es verstanden, andere so anzusprechen, dass sie es hören und verstehen konnten.

Was bekam die Menge, die da zusammengelaufen war, zu hören? „Die großen Taten Gottes." Diese einfachen Leute aus Galiläa konnten überzeugend von dem sprechen, was sie mit

Jesus erlebt und von ihm erfahren hatten. Jesu Worte „kamen an". Wenn sie von Gott, von Jesus sprachen, dann waren es keine Worthülsen, kein Herumreden. Die Zuhörer waren betroffen, erschüttert, ergriffen. Hinter der Rede der Apostel stand nicht eingelernte Sprechtechnik, gut geschulte Rhetorik. Ihre Worte hatten Kraft, die Kraft des Heiligen Geistes.

Das Sprachenwunder von Pfingsten bestand nicht in einem plötzlichen Erlernen aller möglichen Sprachen. Es war das Wunder, dass die Worte der Jünger Jesu die Kraft hatten, das Leben der Zuhörer zu verändern. Manchmal geschieht das auch heute. Manchmal geschieht das sogar mit unseren eigenen Worten: Dass Gottes Geist sie erfüllt und wir erstaunt erleben, wie Gott sich unserer armen Worte bedient, um kleine Wunder zu wirken.

Feste unterm *Jahr*

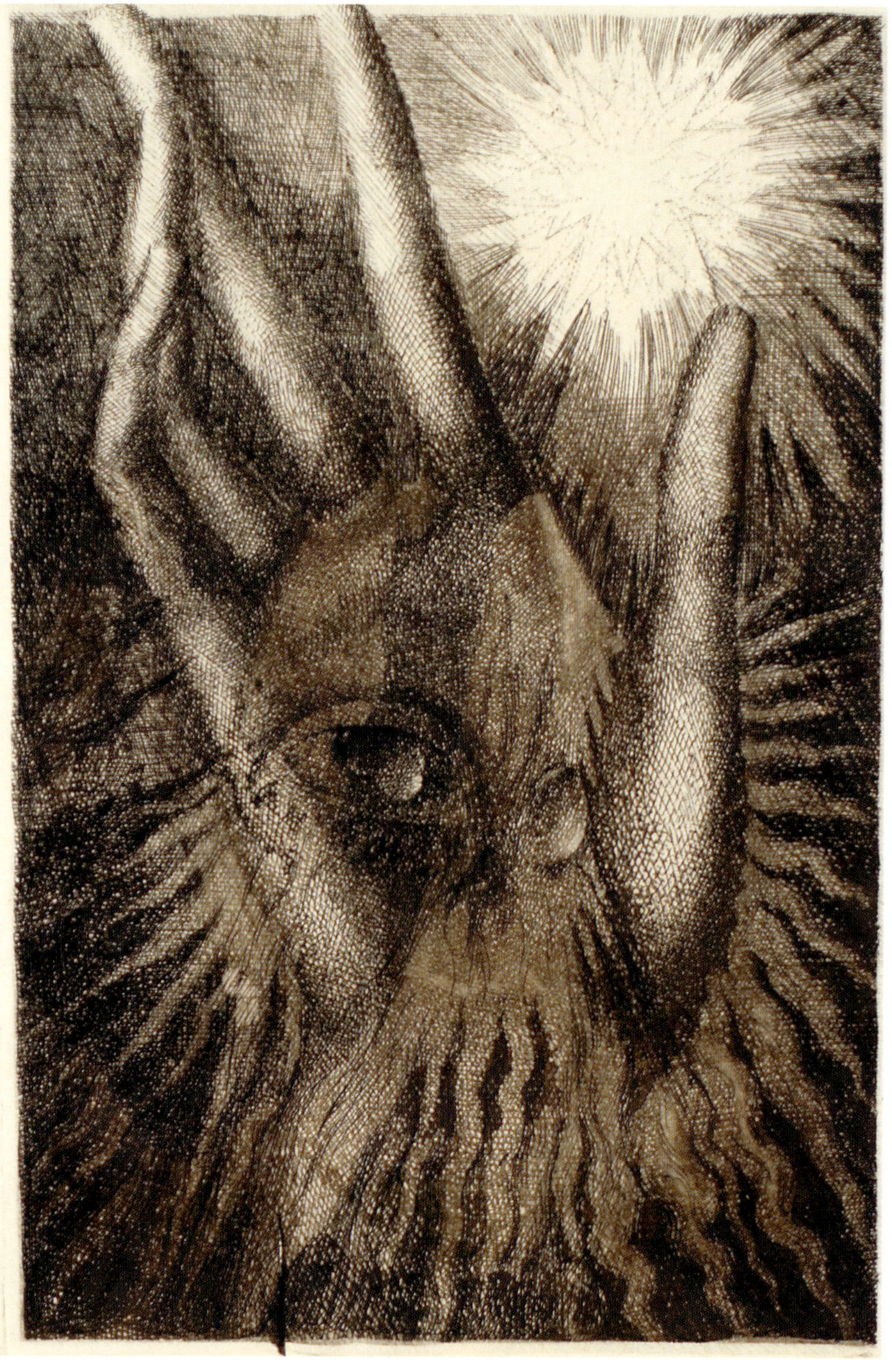

Dreifaltigkeitssonntag

Matthäusevangelium 28,16–20

¹⁶ Die elf Jünger gingen nach Galiläa auf den Berg, den Jesus ihnen genannt hatte.

¹⁷ Und als sie Jesus sahen, fielen sie vor ihm nieder. Einige aber hatten Zweifel.

¹⁸ Da trat Jesus auf sie zu und sagte zu ihnen: Mir ist alle Macht gegeben im Himmel und auf der Erde.

¹⁹ Darum geht zu allen Völkern, und macht alle Menschen zu meinen Jüngern; tauft sie auf den Namen des Vaters und des Sohnes und des Heiligen Geistes,

²⁰ und lehrt sie, alles zu befolgen, was ich euch geboten habe. Seid gewiss: Ich bin bei euch alle Tage bis zum Ende der Welt.

Ernst Fuchs
Emanuel
Radierung, sign. u. num. 110/120, Widmung: Monsignore in Verehrung zur Weihnacht 1960 | 20,5 x 22,76 (Pl.), 31,8 x 22,7 | OM 560 | VII/30

Alle Menschen, alle Völker soll die „Elfermannschaft" Jesu zum Mitspielen gewinnen. Wie ist dieser Auftrag Jesu zu verstehen? Auch andere Anbieter sind im Stadion der Welt dabei: andere Religionen, aber auch gängige religionslose Lebensentwürfe spielen in der Liga mit. Eines macht der Vergleich mit dem Stadion klar: Es ist erlaubt, gewinnen zu wollen.

Das Stadion ist die Welt

Welche Elf wird wohl die Fußballweltmeisterschaft gewinnen? Die beste Elf? Oder die, die am meisten Glück hat? Können allein genügt nicht, beim Sport spielt immer auch eine Portion Glück mit. Dann leben die Wetten, die Spekulationen. Das macht das Spiel so spannend. Wäre der Ausgang genau berechenbar, würde sich wohl niemand für die Weltmeisterschaft begeistern.

Von einer anderen Elf ist heute im Evangelium die Rede. Sie tritt auch in einem Wettkampf auf, aber der ist anderer Art. Ihr Stadion ist die ganze Welt. Die Spieldauer ist offen. Erst wenn der (Schieds-)Richter am Ende der Zeiten abpfeift, ist das Spiel zu Ende. Wie wird es ausgehen? Wer wird Sieger sein?

Schon der Apostel Paulus greift gerne auf sportliche Wettkämpfe zurück, wenn er das christliche Leben beschreiben will. Der Gemeinde von Korinth schrieb er: „Wisst Ihr nicht, dass die Läufer im Stadion zwar alle laufen, aber dass nur einer den Siegespreis gewinnt? Lauft so, dass Ihr ihn gewinnt." (1 Kor 9,24)

Um welchen Sieg geht es in diesem Stadion? Paulus erklärt: „Jeder Wettkämpfer lebt völlig enthaltsam; jene tun dies, um einen vergänglichen, wir aber um einen unvergänglichen Siegeskranz zu gewinnen" (Vers 25). Sieger ist, wer das ewige Leben gewinnt, das Ziel des irdischen Laufens und Mühens.

Wer an einem Wettkampf teilnimmt, erhält den Siegeskranz nur, wenn er nach den Regeln kämpft, sagt Paulus. Nach welchen Regeln wird im Stadion des Lebens siegreich gekämpft? Diese Regeln in der ganzen Welt bekannt zu machen, ist der Auftrag, den die „Elfermannschaft" Jesu bekommen hat: „Geht zu allen Völkern, und macht alle Menschen zu meinen Jüngern; tauft sie auf den Namen des Vaters und des Sohnes und des Heiligen Geistes, und lehrt sie, alles zu befolgen, was ich Euch geboten habe."

Das Spielfeld ist die ganze Welt. Alle Menschen, alle Völker soll Jesu Elf zum Mitspielen gewinnen. Alle Menschen sollen die Spielregeln Jesu kennenlernen. Alle sollen gewissermaßen Mitglieder in Jesu „Klub" werden (man verzeihe mir diesen sehr weltlichen Vergleich).

Wie ist dieser Auftrag Jesu zu verstehen? Sollen die Elf (und alle ihre Nachfolger) die Menschen mit Zwang zum Mitspielen nötigen? So wurde „Mission" in der Geschichte gelegentlich verstanden. Ist Jesu Auftrag ein unverbindliches Angebot? Die Frage bekommt heute neue Dringlichkeit. Auch andere Anbieter sind im Stadion der Welt dabei: andere Religionen, etwa der Islam oder der Buddhismus. Aber auch die gängigen religionslosen Lebensentwürfe spielen in der Liga mit.

Wie sehen heute die Spielregeln eines friedlichen Miteinanders der Religionen und Lebenseinstellungen aus? Wie ist diese Vielfalt vereinbar mit dem Auftrag Jesu, „alle Menschen zu meinen Jüngern" zu machen?

Eines macht der Vergleich mit dem Stadion klar: Es ist erlaubt, gewinnen zu wollen. Ich wünsche mir, dass die Elf Jesu erfolgreich ist. Ich glaube, dass Jesu Programm so gut, so lebenswert und liebevoll ist, dass ich mir seinen Sieg wünsche. Aber ich weiß auch, und bin davon überzeugt: Jesus wollte niemanden zu seinem Team zwingen. Er will freiwillige und begeisterte Mitspieler. Und nur solche sind für andere überzeugend. Und erfolgreich.

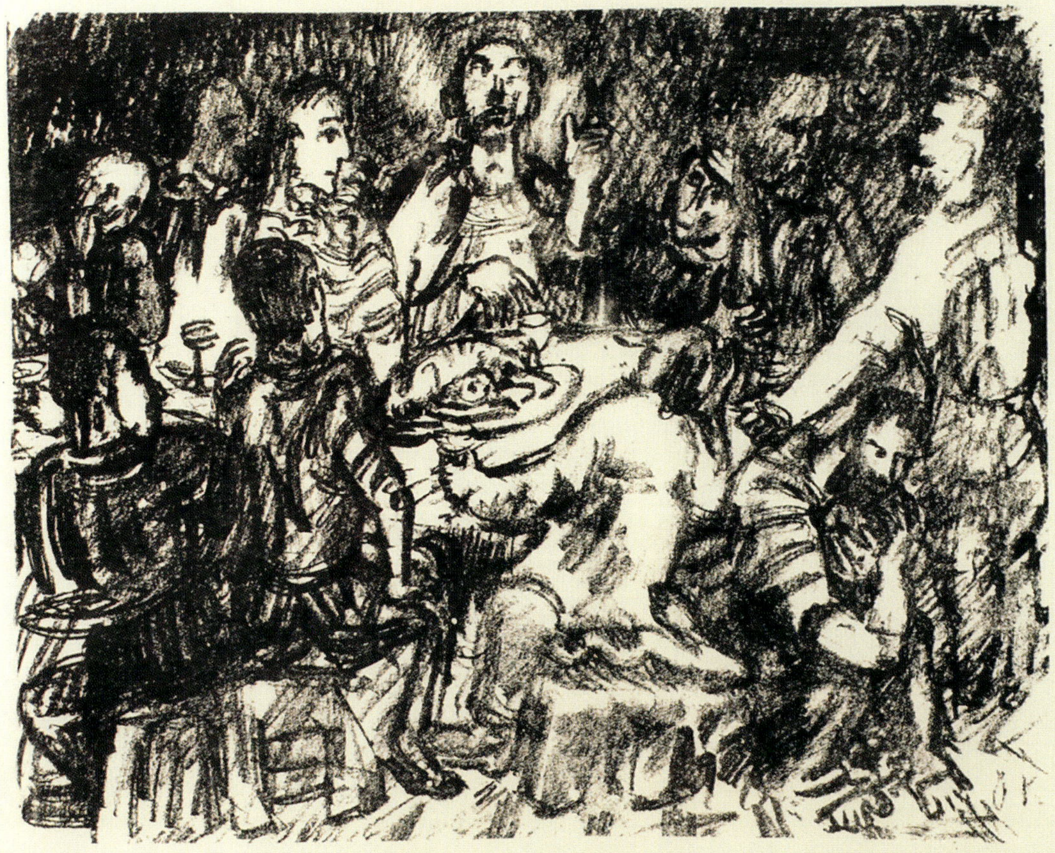

Fronleichnam

Markusevangelium 14,12–16.22–26

¹² Am ersten Tag des Festes der Ungesäuerten Brote, an dem man das Paschalamm schlachtete, sagten die Jünger zu Jesus: Wo sollen wir das Paschamahl für dich vorbereiten?

¹³ Da schickte er zwei seiner Jünger voraus und sagte zu ihnen: Geht in die Stadt; dort wird euch ein Mann begegnen, der einen Wasserkrug trägt. Folgt ihm,

¹⁴ bis er in ein Haus hineingeht; dann sagt zu dem Herrn des Hauses: Der Meister lässt dich fragen: Wo ist der Raum, in dem ich mit meinen Jüngern das Paschalamm essen kann?

¹⁵ Und der Hausherr wird euch einen großen Raum im Obergeschoss zeigen, der schon für das Festmahl hergerichtet und mit Polstern ausgestattet ist. Dort bereitet alles für uns vor!

¹⁶ Die Jünger machten sich auf den Weg und kamen in die Stadt. Sie fanden alles so, wie er es ihnen gesagt hatte, und bereiteten das Paschamahl vor.

²² Während des Mahls nahm er das Brot und sprach den Lobpreis; dann brach er das Brot, reichte es ihnen und sagte: Nehmt, das ist mein Leib.

²³ Dann nahm er den Kelch, sprach das Dankgebet, reichte ihn den Jüngern, und sie tranken alle daraus.

²⁴ Und er sagte zu ihnen: Das ist mein Blut, das Blut des Bundes, das für viele vergossen wird.

²⁵ Amen, ich sage euch: Ich werde nicht mehr von der Frucht des Weinstocks trinken bis zu dem Tag, an dem ich von Neuem davon trinke im Reich Gottes.

²⁶ Nach dem Lobgesang gingen sie zum Ölberg hinaus.

Oskar Kokoschka
Das letzte Abendmahl
Lithographie, Stein monogr.
30,8 x 43,3 (m.R.) | OM 824
VIII/108

Am Anfang steht ein jüdisches Pessach-Mahl. Plötzlich macht Jesus etwas Neues. Er reicht das Brot und sagt: „Das ist mein Leib." Dann nimmt er den Segensbecher und sagt: „Das ist mein Blut." Und seine Jünger trinken alle daraus.

Das Geheimnis der kleinen Hostie

Es ist schon recht eigenartig, was Katholiken am heutigen Fest machen (und weshalb dieser Tag auch ein arbeitsfreier Feiertag ist): Überall in Land und Stadt gehen sie festlich, freudig in Prozessionen vor oder hinter einem Stück Brot her, das in goldenen, prächtigen Behältern ausgestellt und gezeigt wird. Dieses Stückchen Brot wird in Weihrauchwolken gehüllt, immer wieder beugen die Teilnehmer davor die Knie. Mehrmals wird damit feierlich die Menge gesegnet.

Beim großen „Stadtumgang" in der Wiener Innenstadt darf ich selbst die „Monstranz" (so nennen wir das Behältnis für das kleine Stück Brot, das wir „Hostie" nennen) tragen. Dabei bewegt mich immer wieder die Frage: Was geht wohl in den Herzen und Gedanken der Touristen vor, die das zum ersten Mal sehen? Folklore? Ein „einheimischer Brauch"? Ein unverständliches religiöses Ritual?

Und doch erlebe ich, wie viele Menschen mitgehen, innerlich, aus Überzeugung, oder auch aus einer Art Neugier, die sich von dem Geschehen berühren lässt. Was aber ist das Geschehen? Was ist das Geheimnis der kleinen weißen Hostie?

Am Anfang steht ein Abendessen. Es war von besonderer Art: ein jüdisches Pessach-Mahl. Die Berichte darüber sind historisch zuverlässig. Der Ort ist bekannt. Der Ritus des Mahles ist den Teilnehmern bestens vertraut. Plötzlich, an zwei wichtigen Stellen des Ablaufs, macht Jesus etwas Neues, Ungewohntes. Sie haben es nie mehr vergessen. Seither wurde es unzählige Male wiederholt.

Beim Brotsegen sagt Jesus unerwartet: „Das ist mein Leib". Er bricht das Brot und teilt es aus. Später, nach dem Essen, nimmt Jesus den kostbaren „Segensbecher", der bis heute beim jüdischen Ostermahl gebraucht wird und spricht ganz neue Worte: „Das ist mein Blut, das Blut des Bundes, das für viele vergossen wird."

Er sagte nicht: Das Brot bedeutet meinen Leib. Er sprach nicht von einem Symbol, einem Zeichen, sondern gebrauchte die klaren Worte „das ist". So haben es die Apostel verstanden und sie haben es geglaubt. Brot und Wein sind nun, nach den Worten Jesu, wirklich Sein Leib und Sein Blut. In Wirklichkeit wird nicht ein Stückchen Brot durch die Straßen getragen. Die kleine weiße Scheibe in der Monstranz ist wirklich der Leib Christi geworden. Nicht Brot wird angebetet, sondern Gott; Gott in der armen, bescheidenen Gestalt des Brotes.

An Fronleichnam tragen wir Gott durch die Straßen und Gassen unserer Städte und Dörfer. Gott hat sich klein gemacht und ist ein Menschenkind geworden: Jesus, der Sohn Gottes. Und noch kleiner hat Er sich für uns gemacht: Brot will Er sein, Nahrungsmittel für uns Menschenkinder. Im kleinen Brot der große Gott.

Ein Gott, der uns so nahe ist, wie leicht wird Er übersehen. Doch wie stark ist es, Ihm zu begegnen. An all das muss ich denken, wenn ich die Monstranz mit dem nahen Gott, der für mich Brot wurde, durch die Menschenmenge tragen darf. Das Schönste dabei ist zu wissen, dass Er alle segnet, die Nahen und Fernen, die Glaubenden und die, die sich damit schwertun. Darum ist Fronleichnam ein so froher Tag. Komm mit! Er hat Segen auch für dich!

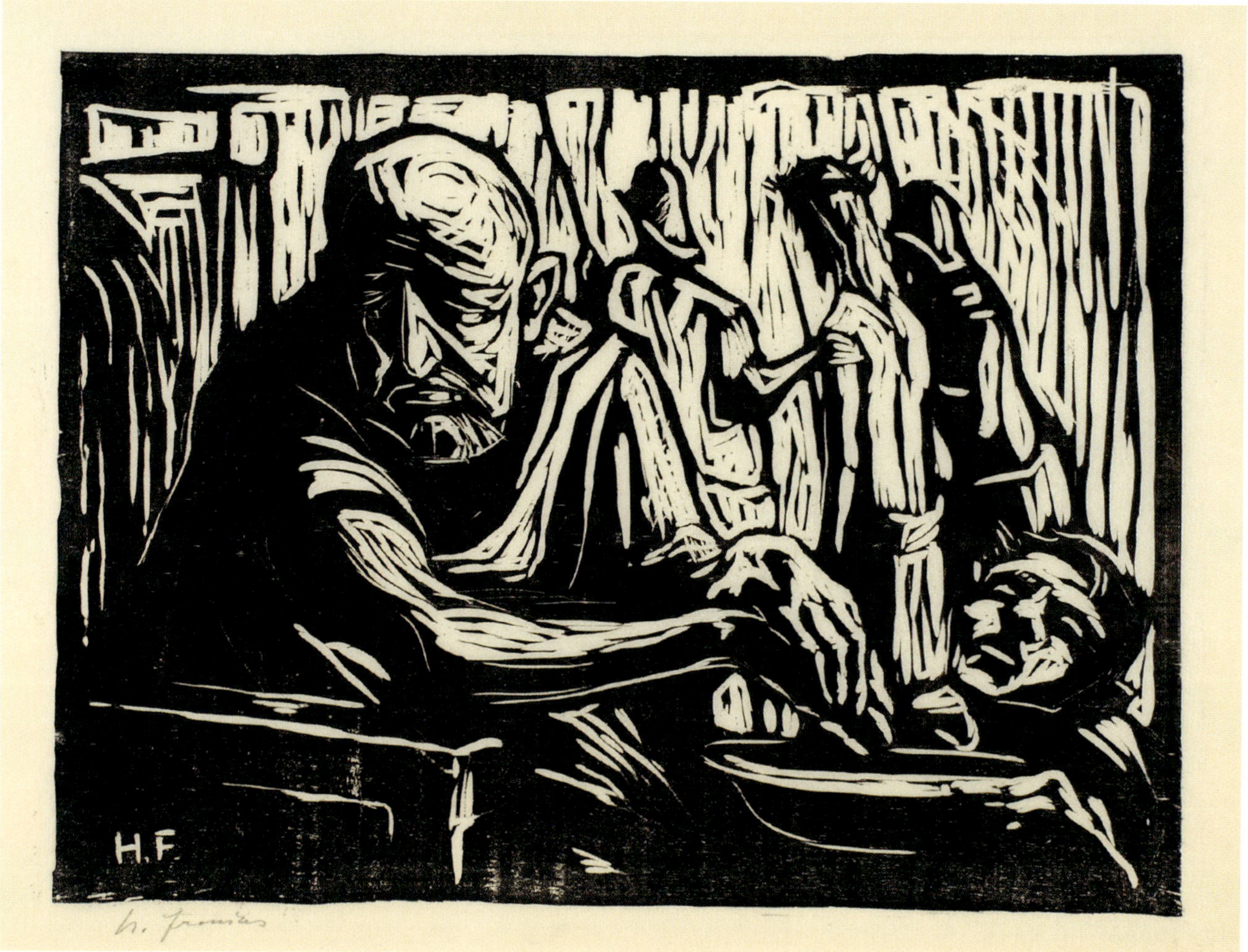
H.F.

Christkönigsonntag

Johannesevangelium 18,33b–37

^{33b} Pilatus ließ Jesus rufen und fragte ihn: Bist du der König der Juden?

³⁴ Jesus antwortete: Sagst du das von dir aus, oder haben es dir andere über mich gesagt?

³⁵ Pilatus entgegnete: Bin ich denn ein Jude? Dein eigenes Volk und die Hohenpriester haben dich an mich ausgeliefert. Was hast du getan?

³⁶ Jesus antwortete: Mein Königtum ist nicht von dieser Welt. Wenn es von dieser Welt wäre, würden meine Leute kämpfen, damit ich den Juden nicht ausgeliefert würde. Aber mein Königtum ist nicht von hier.

³⁷ Pilatus sagte zu ihm: Also bist du doch ein König? Jesus antwortete: Du sagst es, ich bin ein König. Ich bin dazu geboren und dazu in die Welt gekommen, dass ich für die Wahrheit Zeugnis ablege. Jeder, der aus der Wahrheit ist, hört auf meine Stimme.

Hans Fronius
Pilatus, seine Hände waschend
Holzschnitt/Japanp. | Stock monogr., links (unten) sign. 38,4 x 48 (m.R.) | OM 494 HF 81, H 082

Keine Todesdrohung kann Jesus davon abhalten, zu sagen, was Tatsache ist: Er ist ein König. Die Gewalthaber dieser Welt haben gewusst, warum sie Christus den König fürchten. Er nahm ihnen nichts von ihrer Macht weg. Was sie über alles fürchteten, war etwas anderes: dass Christus ihnen die Herzen der Menschen wegnimmt.

Der Herz-König

„Wie viele Divisionen hat der Papst?" Diese spöttische Frage Stalins ist bekannt. Sie erinnert an die Frage des Pilatus an Jesus, der ohnmächtig und gefangen vor ihm steht: „Bist du der König der Juden?" Wenn du ein König bist, wo sind deine Truppen? Wo ist deine Armee? Wo ist deine Macht?

Christus, der König! Das feiert die Kirche heute, am letzten Sonntag des Kirchenjahres. Nächsten Sonntag beginnt bereits der Advent. Warum endet das Kirchenjahr mit dem Blick auf Christus, den König?

„Ja, ich bin ein König", antwortet Jesus dem Statthalter des mächtigen Kaisers. Es klingt fast trotzig, was der wehrlose Mann aus Galiläa dem Pilatus erwidert: „Dazu bin ich geboren und in die Welt gekommen." Keine Fesseln und keine Todesdrohung können Jesus davon abhalten, zu sagen, was Tatsache ist: Er ist ein König.

Aber: „Mein Königtum ist nicht von dieser Welt." Wäre Jesus ein weltlicher Herrscher, so hätte er längst seine eigene Armee aufgebaut. Die würde für ihn kämpfen, damit er nicht seinen Gegnern in die Hände fällt. Sie würden versuchen, ihn aus der Gefangenschaft zu befreien. Jesus hat keine Armee aufgebaut. Als Petrus versuchte, seinen Meister mit dem einzigen Schwert, das sie dabeihatten, zu befreien, da sagt ihm Jesus ruhig: „Stecke dein Schwert in die Scheide!" (Joh 18,11).

Ein seltsamer König, dessen Reich „nicht von dieser Welt" ist. Warum wird er dann gefürchtet? Ist es nicht eigenartig, dass Diktaturen das Christentum fast immer verfolgt haben? Wovor fürchten sie sich? Vor einem König, der ihnen nichts wegnehmen kann, weil er gar kein irdisches Reich und keine weltliche Macht besitzt?

Die Gewalthaber dieser Welt haben genau gewusst, warum sie Christus, den König fürchten. Er nahm ihnen nichts von ihrer Macht weg. Die hat er nie angestrebt. Was sie über alles fürchteten, war etwas anderes: dass Christus ihnen die Herzen der Menschen wegnimmt.

Hitler wollte sein Volk ganz und gar. Das Leben der Menschen, ihren Verstand, ihren Willen und vor allem ihre Herzen. Alles sollte nur dem „Führer" gehören. Nur ihn sollten sie lieben und verehren.

Christus war daher sein größter Konkurrent. Das jüdische Volk, aus dem Jesus stammte, sollte deshalb vernichtet werden. Danach wären die Christen dran gewesen - und waren es schon. Nicht anders war es in der kommunistischen Diktatur. So viele Verfolgungen hat es gegeben, durch alle Jahrhunderte, doch Christi Königreich konnten sie nicht vernichten.

Sein Reich ist nicht von dieser Welt, aber es kommt in diese Welt. „Öffnet die Tore für Christus", hat Papst Johannes Paul II. immer wieder den Mächtigen zugerufen. Fürchtet euch nicht vor Ihm! Er nimmt euch nichts weg, wenn ihr Ihn einlasst. Doch, etwas nimmt Er euch schon weg: die Korruption, die Ausbeutung der Armen, das himmelschreiende Unrecht, das würde Er aus eurer Mitte nehmen, wenn ihr Ihn bei euch herrschen lassen würdet.

Haben vielleicht auch wir Angst vor diesem König, wie er da ohnmächtig vor uns steht? Was wird Er mir nehmen? Sicher nichts von dem, was das Leben frei und groß und schön macht. Meinen Egoismus würde ich verlieren - und so viel dafür bekommen! Wenn ich mein Herz diesem König schenke, dann kann ich nur gewinnen. Unter seiner Herrschaft ist gut leben.

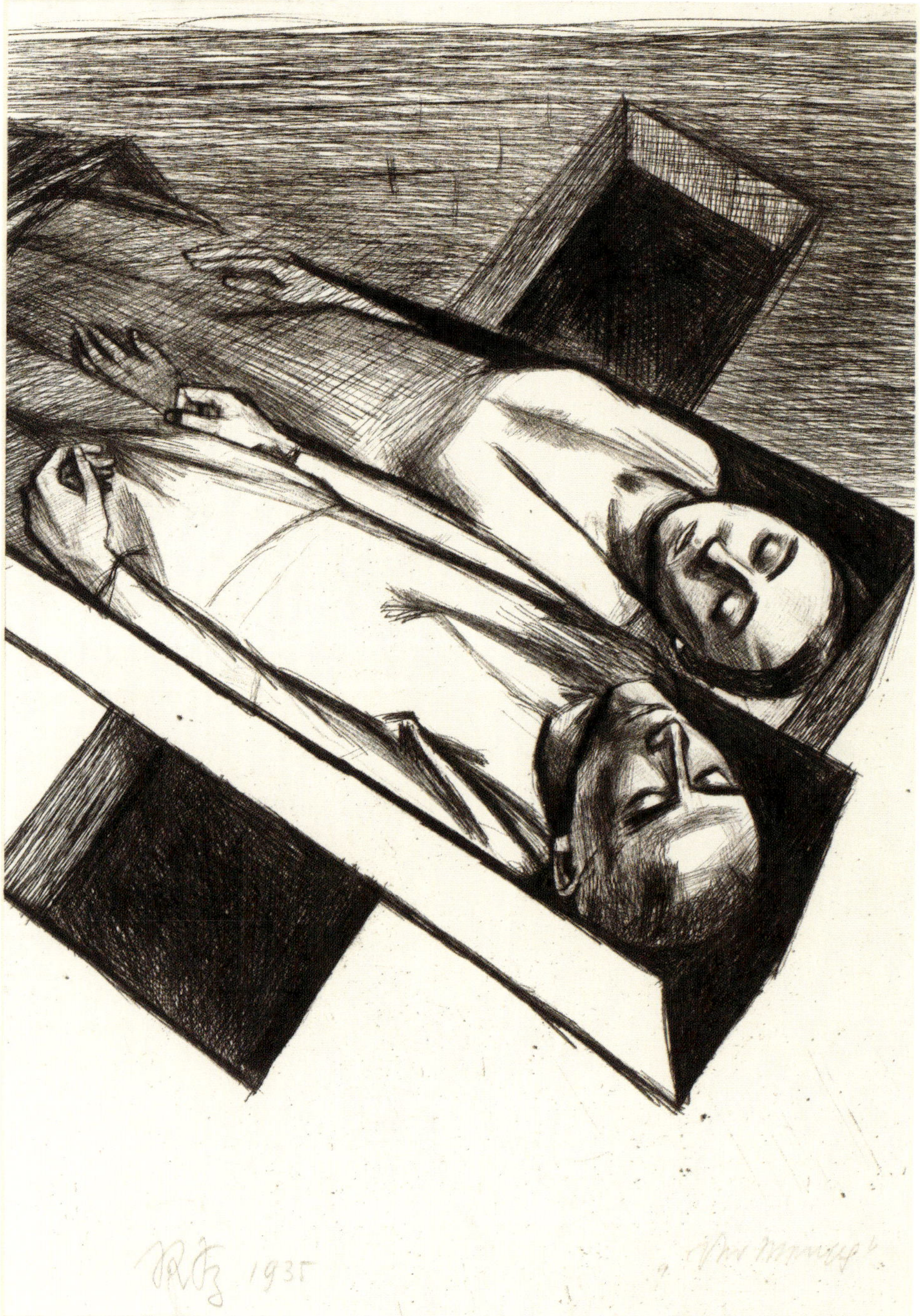
1935

Maria ohne Erbsünde empfangen

Genesis 3,9–15.20

⁹ Gott, der Herr, rief Adam zu und sprach: Wo bist du?
¹⁰ Er antwortete: Ich habe dich im Garten kommen hören; da geriet ich in Furcht, weil ich nackt bin, und versteckte mich.
¹¹ Darauf fragte er: Wer hat dir gesagt, dass du nackt bist? Hast du von dem Baum gegessen, von dem zu essen ich dir verboten habe?
¹² Adam antwortete: Die Frau, die du mir beigesellt hast, sie hat mir von dem Baum gegeben, und so habe ich gegessen.
¹³ Gott, der Herr, sprach zu der Frau: Was hast du da getan? Die Frau antwortete: Die Schlange hat mich verführt, und so habe ich gegessen.
¹⁴ Da sprach Gott, der Herr, zur Schlange: Weil du das getan hast, bist du verflucht unter allem Vieh und allen Tieren des Feldes. Auf dem Bauch sollst du kriechen und Staub fressen alle Tage deines Lebens.
¹⁵ Feindschaft setze ich zwischen dich und die Frau, zwischen deinen Nachwuchs und ihren Nachwuchs. Er trifft dich am Kopf, und du triffst ihn an der Ferse.
²⁰ Adam nannte seine Frau Eva (Leben), denn sie wurde die Mutter aller Lebendigen.

Rudolf Szyszkowitz
Der Mensch
Radierung, monogr. u. dat. 1935, verso bez.: Probedruck, gut | 50,5 x 41 (Pl.), 59,8 x 50. OM 1742 | Sz 99

Es ist ein langer, mühevoller, schmerzensreicher Weg, den wir seit Adam und Eva, seit Anfang der Menschheitsgeschichte gehen müssen. Aber Gott hat einen neuen Anfang gesetzt, mit einer neuen Eva, mit Maria, in der die lange Schuldgeschichte abbricht und eine neue Heilsgeschichte beginnt: Maria – Mutter und Anfang einer erlösten Menschheit.

Sündenfall

Heute, am Fest der „Unbefleckten Empfängnis Mariens", wird im Gottesdienst die Geschichte vom „Sündenfall" gelesen, von Adam und Eva, von der Schlange, dem Baum und vom Essen der verbotenen Frucht. Sie wird gelesen, weil sie sozusagen den Hintergrund des heutigen Festes darstellt. Auf eine kurze Formel gebracht: Was durch Adam und Eva der Menschheit verloren ging, hat sie wiedergefunden, weil Maria Jesus geboren hat. Adam und Eva stehen am Anfang einer Unheilsgeschichte, Maria, die Mutter Jesu, steht am Anfang der Heilsgeschichte. In diesem Sinn ist der 8. Dezember, das Fest der Empfängnis Marias durch ihre Eltern Joachim und Anna, ein Wendepunkt in der Menschheitsgeschichte. Maria wird deshalb auch „die Morgenröte des Heils" genannt.

Mit dem vorweihnachtlichen Wirbel und Einkaufstrubel hat das freilich recht wenig zu tun. Am 8. Dezember ist inzwischen kaum mehr die Ruhe eines Feiertages spürbar. Welches Heil wird eigentlich zu Weihnachten erwartet? Wovon soll der Erlöser erlösen? In welche Dunkelheit leuchtet das Morgenrot?

Es lohnt sich, heute in die ersten Seiten der Bibel zu blicken und sich „die Geschichte mit Adam und Eva" näher anzusehen. Wir finden dort den Schöpfungsbericht („Im Anfang schuf Gott Himmel und Erde"), die Erschaffung des Menschen und schließlich den „Sündenfall", den Griff nach der verbotenen Frucht mit allen seinen Folgen.

Es geht in der Bibel nicht um eine „Reportage" über das Leben der Urmenschen, nicht um einen wissenschaftlichen Forschungsbericht über die Abstammung des Menschen. Die Bibel wirft ein Licht auf den Zustand der Menschen, wenn sie sich von Gott abwenden. Die Heilige Schrift deutet uns den Ursprung des Bösen, das zwischen uns Menschen herrscht, und zeigt den Ausweg aus der Sackgasse der Sünde.

Adam, wo bist du? Dieser Ruf Gottes geht zu Herzen. Gott sucht den Menschen. Er weiß, wo ich bin, aber er überlässt mich nicht meiner Not, er geht mir nach. Ich aber, Adam, der Mensch, verstecke mich vor ihm. Angst vor Gott,

Flucht vor ihm: Das sitzt tief im Menschenherzen. So entsteht in uns die Idee, Gott sei der unerbittliche Wächter, das Auge, dem nichts verborgen bleibt. Aus dieser Gottesvorstellung will Jesus uns erlösen.

Dazu ist aber zuerst die Ehrlichkeit notwendig und die Bereitschaft, die eigenen Fehler einzugestehen. „Die Wahrheit macht euch frei." Adam, in dieser Geschichte, hat einen anderen Weg gewählt, und bis heute haben wir Nachkommen Adams die Neigung, es wie er zu tun. Gott fragt ihn, ob er das Verbotene getan habe. Statt einfach Ja zu sagen und um Verzeihung zu bitten, beschuldigt er Gott und die Frau: „Die Frau, die du mir gegeben hast ..."

Wie „menschlich": Alle anderen sind Schuld. Gott ist Schuld: Hättest du mir nicht diese Frau gegeben! Die Frau ist Schuld: Hätte sie mich nicht zum Bösen verleitet! Eine alte jüdische Tradition sagt: Hätte damals Adam seine Schuld zugegeben, wir wären alle noch im Paradies.

So aber ist es ein langer, mühevoller, schmerzensreicher Weg, den wir seit Adam und Eva, seit Anfang der Menschheitsgeschichte gehen müssen. Immer noch verführt uns „die Schlange", immer noch beschuldigen wir lieber Gott und einander als uns selbst. Und es bliebe auch weiterhin so, hätte Gott nicht einen neuen Anfang gesetzt, mit einer neuen Eva, mit Maria, in der die lange Schuldgeschichte abbricht und eine neue Heilsgeschichte beginnt: Maria - Mensch ohne Schuld, Mutter und Anfang einer erlösten Menschheit.

A. Kubin
Die Stunde der Geburt

Mariä Himmelfahrt

Offenbarung des Johannes 11,19a; 12,1–6a.10b

19a Der Tempel Gottes im Himmel wurde geöffnet, und in seinem Tempel wurde die Lade seines Bundes sichtbar:

1 Dann erschien ein großes Zeichen am Himmel: eine Frau, mit der Sonne bekleidet; der Mond war unter ihren Füßen und ein Kranz von zwölf Sternen auf ihrem Haupt.

2 Sie war schwanger und schrie vor Schmerz in ihren Geburtswehen.

3 Ein anderes Zeichen erschien am Himmel: ein Drache, groß und feuerrot, mit sieben Köpfen und zehn Hörnern und mit sieben Diademen auf seinen Köpfen.

4 Sein Schwanz fegte ein Drittel der Sterne vom Himmel und warf sie auf die Erde herab. Der Drache stand vor der Frau, die gebären sollte; er wollte ihr Kind verschlingen, sobald es geboren war.

5 Und sie gebar ein Kind, einen Sohn, der über alle Völker mit eisernem Zepter herrschen wird. Und ihr Kind wurde zu Gott und zu seinem Thron entrückt.

6a Die Frau aber floh in die Wüste, wo Gott ihr einen Zufluchtsort geschaffen hatte.

10ab Da hörte ich eine laute Stimme im Himmel rufen: Jetzt ist er da, der rettende Sieg, die Macht und die Herrschaft unseres Gottes und die Vollmacht seines Gesalbten.

Alfred Kubin
Die Stunde der Geburt
Feder-Kreide-Lithografie
35,5 x 43,7 aus der „Hans von Weber Mappe" | OM AS 18/2

Die große Schlacht wird nicht auf den Kriegsschauplätzen der Waffen und der Börsenkurse geschlagen, sondern in meinem eigenen Herzen. Dort entscheidet sich, ob der Hass oder die Liebe siegt, der Drache oder die Schwangere mit den zwölf Sternen. Wer sich auf ihre Seite stellt, findet mit ihr Zuflucht „in der Wüste", im Schutz Gottes.

Die Schwangere

Mit dem 15. August bricht der Sommer. Fast jedes Jahr bestätigt sich diese uralte Erfahrung. Die Tage werden spürbar kürzer, die große Hitze ist vorbei. Ein Anflug von Herbst ist schon zu ahnen. Auf den Wiesen erscheinen die feinen Fäden des „Altweibersommers". Es kann noch sehr heiß werden, aber nicht mehr die Glut des Hochsommers. Spätsommerlich, frühherbstlich das Wetter - und auch die Stimmung.

Eine Wende ist der „große Frauentag" auch im seelischen Leben. Für den Glauben ist er ein Abschied und ein Anfang. Maria, die Mutter Jesu, geht heim. Sie ist, so sagt die Sprache des Glaubens, „entschlafen", sanft und ohne Gewaltsamkeit des Todes hinübergegangen, hinauf zu Christus, dem „Erstgeborenen von den Toten". Sie ist im Himmel. Ganz, nicht nur mit der Seele. Sie hat kein Grab auf Erden, und nie wusste man von einer Begräbnisstätte Marias. Denn sie ist auch mit ihrem Leib heimgegangen, heimgeholt von ihrem Sohn, der für uns alle eine Wohnung bereitet hat. Hoffentlich finden wir den Weg dorthin. Sie will uns helfen, sie wird uns helfen!

Der Weg hinüber ist gefahrvoll. Viel zu wenig wird davon gesprochen. Die Lesung vom heutigen Festtag aus der „geheimen Offenbarung" des Johannes, spricht in mächtigen Bildern von einem Kampf, der Himmel und Erde bewegt. Welche Mächte sind da im Spiel? Nicht die Armeen der Großen dieser Welt. Nicht sie entscheiden die letzten Schlachten. Auch nicht die großen Wirtschaftsmächte. Und erst recht nicht die Medien mit all ihrem Einfluss.

Eine Frau spielt die Hauptrolle. Der Seher Johannes nennt sie „ein großes Zeichen". Eine schwangere Frau - ja, welch ein Zeichen! Was ist mächtiger und größer, um Leben zu geben, als die Wehrlosigkeit der Schwangeren? Sie allein trägt die Zukunft der Welt. Keine Bank, keine Fabrik, kein Panzer wird je ein Kind gebären und damit das Leben mit all seinen Verheißungen. Nur eine Frau.

Die eine, die am Himmel sichtbar wird, ist die Mutter aller Hoffnung. Sie trägt in ihrem

Schoß die Hoffnung der Welt. Deshalb umgibt sie der ganze Kosmos, die Sonne, der Mond und der Kranz von zwölf Sternen. – Möge die EU nie vergessen, dass ihre Fahne die zwölf Sterne trägt, die Maria umgeben!

Ihre Gegenspieler sind wieder nicht die Mächte dieser Welt, sondern es ist „der Drache". Er verkörpert alles, was gegen Gott, und das heißt immer auch gegen das Leben, steht. Er will verschlingen, zerstören, zermalmen. Und er tut es. Wir sehen es täglich. Wir müssen uns täglich entscheiden, auf welcher Seite wir stehen wollen – auf ihrer Seite, auf der des Lebens, oder auf seiner, der des Todes. Denn die große Schlacht wird nicht auf den Kriegsschauplätzen der Waffen und der Börsenkurse geschlagen, sondern in meinem eigenen Herzen. Dort entscheidet sich, ob der Hass oder die Liebe siegt, der Drache oder die Schwangere mit den zwölf Sternen. Wer sich auf ihre Seite stellt, findet mit ihr Zuflucht „in der Wüste", im Schutz Gottes.

15. August. Die Nächte werden länger. Einmal kommt auch für uns die Stunde des Heimgangs. „Unter deinem Schutz und Schirm", Maria, brauchen wir den Herbst unseres Lebens und Sterbens nicht zu fürchten. Du wartest auf uns. Du bist schon daheim. Du hast schon gesiegt. Auch für uns, die wir deine Kinder sein dürfen.

Betende Hände

O. T.

Allerheiligen

Matthäusevangelium 5,1–12a

¹ Als Jesus die vielen Menschen sah, stieg er auf einen Berg. Er setzte sich, und seine Jünger traten zu ihm.
² Dann begann er zu reden und lehrte sie.
³ Er sagte: Selig, die arm sind vor Gott; denn ihnen gehört das Himmelreich.
⁴ Selig die Trauernden; denn sie werden getröstet werden.
⁵ Selig, die keine Gewalt anwenden; denn sie werden das Land erben.
⁶ Selig, die hungern und dürsten nach der Gerechtigkeit; denn sie werden satt werden.
⁷ Selig die Barmherzigen; denn sie werden Erbarmen finden.
⁸ Selig, die ein reines Herz haben; denn sie werden Gott schauen.
⁹ Selig, die Frieden stiften; denn sie werden Söhne Gottes genannt werden.
¹⁰ Selig, die um der Gerechtigkeit willen verfolgt werden; denn ihnen gehört das Himmelreich.
¹¹ Selig seid ihr, wenn ihr um meinetwillen beschimpft und verfolgt und auf alle mögliche Weise verleumdet werdet.
¹² Freut euch und jubelt: Euer Lohn im Himmel wird groß sein.

Oswald Tschirtner
Betende Hände
Kunst aus Gugging
Tusche, monogr. | 14,8 x 10,5
OM AS 24/46

Neben den großen bekannten, gibt es sehr viel mehr unbekannte Heilige, die, ohne berühmt zu werden, gelebt haben und wahre Heilige waren. Wir kennen ihre Namen nicht. Gott kennt sie. Sie kommen aus allen Völkern, Religionen, Ländern. Sie waren vielleicht nur wenigen bekannt, gehören aber vor Gott zu den ganz Großen.

„Oh when the Saints"

Der bekannte „Gospel-Song", das populärste afroamerikanische Spiritual ist zweifellos das Lied „Oh when the Saints go marching in ..." Unvergesslich ist, wie Louis Armstrong mit seiner rauen Stimme dieses Lied sang. In zahllosen Jugendmessen ist es bis heute einer der beliebtesten Songs.

Was die schwarzen Sklaven da in den amerikanischen Südstaaten sangen, ist weltweit ein Ausdruck der Hoffnung geworden: „Let me be in that number!", „Lass mich einer der ihren sein!" Lass mich dabei sein, wenn die Heiligen ins Paradies, in den Himmel einziehen!

Eingeklemmt zwischen Halloween und Friedhofsgang liegt das Fest Allerheiligen. Sein Platz ist etwas eng, sein Sinn vergessen. Heute lade ich ein, hinzuschauen. Es ist ein Blick, der guttut. Die „berühmten" Heiligen haben ihre bekannten Festtage: Maria, an ihren vielen Festen; Josef am 19. März; Peter und Paul am 29. Juni; Franz von Assisi am 4. Oktober; Stephanus an „Stephani", am 26. Dezember und noch viele andere.

Neben den großen bekannten, gibt es aber sehr viel mehr unbekannte Heilige, die ohne berühmt zu werden, gelebt haben und wahre Heilige waren. „Von den Menschen unerkannt, von Gott aber gekannt."

Heute haben sie alle ihr Fest. Wir wissen ihre Namen nicht. Gott kennt sie. Sie waren vielleicht nur wenigen bekannt, gehören aber vor Gott zu den ganz Großen. Wer sind sie? Ihren „Steckbrief" gibt Jesus heute in den sogenannten acht „Seligpreisungen".

- Da sind die, „die arm sind vor Gott": die sich nicht wichtig nehmen, die wissen, dass sie mit leeren Händen vor Gott stehen; bettelarm, weil sie wissen, dass sie alles, auch ihre eigenen Leistungen, Gott verdanken.
- Da sind die vielen Trauernden, die Kummer und Leid zu tragen haben. Von ihnen heißt es, Gott werde alle Tränen trocknen.
- Da sind die Gewaltlosen, die nicht zurückgeschlagen haben, die sich nicht in den Hass und in Rache verrannt haben.

- Da sind die, die sich nicht mit dem Unrecht abgefunden haben, die sich nach der Gerechtigkeit gesehnt haben wie nach dem lebensnotwendigen Brot.
- Da sind die Barmherzigen, die wie der Samariter nicht an Not und Leid des Nächsten vorbeigegangen sind, deren Herz sich zur Hilfe bewegen ließ.
- Da sind die Menschen mit einem geraden, lauteren Herzen, ohne Falschheit und Begehrlichkeit. Ihre Blicke tun gut, weil ihr Herz gut ist.
- Da sind die Friedensstifter, die nicht Öl ins Feuer gießen; die Worte und Taten finden, die Brücken bauen, statt Wege zu versperren.
- Da sind die vielen Verfolgten und Getretenen, die Gemobbten und Ausgegrenzten, die nicht auf ihre Rechnung gekommen sind. Sie werden sicher dabei sein, „when the Saints go marching in", „denn ihnen gehört das Himmelreich".

Diese alle feiert die Kirche heute, ohne ihre Namen zu kennen. Bei Gott ist keiner vergessen. Sie kommen aus allen Völkern, Religionen, Ländern. Sie sind alle heimgekommen zu Gott, haben das Ziel des Lebens erreicht. Sie waren wohl überrascht, dass Gott sie unter die Heiligen zählt, weil sie nicht viel von sich selbst gehalten haben. Jetzt helfen sie uns, die wir noch unterwegs sind, dass auch wir das „Ticket" zum Einzug in den Himmel erhalten. Dass auch wir zu denen gehören, auf die der „Steckbrief" Jesu für seine Heiligen zutrifft. Ja, Herr, lass alle dabei sein, „when the Saints go marching in"!

Bildnachweis

Marc Adrian (1930, Wien–2008)
Collage I
sign. u. dat. 1951 | 50,2 x 64,7 | OM 2 | IG/2 (Seite 12)
Marc Adrian (Collage I, 1951)
©VBK, Wien 2008

Margret Bilger (1904, Graz–1971, Schärding/Oberösterreich)
Mariä Verkündigung
Holzschnitt/Seidenpapier, sign.
46,5 x 37,5 (Stock), 60,5 x 45 | OM 89 | MB 25
(Seite 24)
Margret Bilger (Mariä Verkündigung)
©Anselm Ring, Heerhof 2008

Der ungläubige Thomas
Holzschnitt/Seidenpapier, sign., ger.
40 x 33 (Stock) | W 6 (Seite 82)
Margret Bilger (Der ungläubige Thomas)
©Anselm Ring, Heerhof 2008

Der ruhende Hirte
Holzschnitt/Seidenpapier, monogr.
49 x 35,5 | OM 126 | MB 63 (Seite 90)
Margret Bilger (Der ruhende Hirte)
©Anselm Ring, 2008

Peter Bischof (1934, Wien)
o.T.
Farblithographie, sign. u. dat. 59 | num. 4/34
60,2 x 40,9 | OM 224 | V/62 (Seite 44)
Peter Bischof (o.T., 1959)
©VBK, Wien 2008

Herbert Boeckl (1894, Klagenfurt – 1966, Wien)
Abstraktion einer Landschaft
Aquarell, sign. u. dat. 49 (Blei.) | 33,5 x 42
OM 243 | IV G 211 (Seite 86)
Herbert Boeckl (Abstraktion einer Landschaft, 1949)
©Leonore Boeckl, Wien 2008

Marc Chagall (1887, Liosno–1985, Saint-Paul-de-Vence)
Die Schwangere
Lithographie, sign., m. Blei. bez.: „Dir und Wilma, Weihnachten 22, OM" | 40,3 x 27,7
OM 270 | VI/89 (Seite 28)
Marc Chagall (Die Schwangere, 1922)
©VBK, Wien 2008

Hans Fronius (1903, Sarajevo–1988, Perchtoldsdorf)
Pilatus, seine Hände waschend
Holzschnitt/Japanp. | Stock monogr., links (unten) sign.
38,4 x 48 (m.R.) | OM 494; HF 81; H 082 | (Seite 124)
Hans Fronius (Pilatus, seine Hände waschend)
©Christine Fronius, Perchtoldsdorf 2008

Ernst Fuchs (1930, Wien)
Madonna mit Kind
Radierung, Pl. sign. u. dat. 1961, beschr. m. Zit.
aus Jos. 7/14, sign., bez.: 2. Zustand corrigiert
22 x 15 (Pl.), 29 x 22,5 | OM 561 | VII/31 (Seite 36)
Ernst Fuchs (Madonna mit Kind, 1961)
©Ernst Fuchs Privatstiftung, Wien 2008

Der Anblick Gottes ist immer
mit einer Versuchung verbunden
Radierung, 2. Zustand, sign. u. dat. 1951, num. 3/60
30 x 15 (Pl.), 37,5 x 27,3 | OM 570 | VII/40 (Seite 50)
Ernst Fuchs (Der Anblick Gottes ist immer
mit einer Versuchung verbunden, 1951)
©Ernst Fuchs Privatstiftung, Wien 2008

Emanuel
Radierung, sign. u. num. 110/120, Widmung:
Monsignore in Verehrung zur Weihnacht 1960
20,5 x 22,76 (Pl.), 31,8 x 22,7 | OM 560 | VII/30
(Seite 116)
Ernst Fuchs (Emanuel, 1960)
©Ernst Fuchs Privatstiftung, Wien 2008

Fritz Hartlauer
(1919, Kumberg bei Graz–1985, Graz)
Urzelle 26
Zeichnung, schwarze Tinte u. Tusche/kariertes
Papier, verso bez.: Hartlauer 1962 | 59,3 x 42
OM 692 | VIII/13 (Seite 16)
Fritz Hartlauer (Urzelle 26, 1962)
©Hilde Hartlauer, Graz 2008

Wolfgang Hollegha (1929, Klagenfurt)
o.T.
Mischtechnik (Bleistift, Acryl)/Leinwand | ger.
270 x 196 | OM 754; 10 (Seite 106)
Wolfgang Hollegha (o.T.)

Alfred Hrdlička (1928, Wien)
Johannes der Täufer vor der Enthauptung
Radierung m. Aquatinta, sign. u. dat. 1962
num. 6/20 | 19,5 x 32,2 (Pl.), 37,2 x 53,7
OM 761 | VIII/63 (Seite 20)
Johannes Hrdlicka (Johannes der Täufer vor
der Enthauptung, 1962)
©Alfred Hrdlicka/Galerie Ernst Hilger, Wien 2008

Yves Klein (1928, Nizza–1962, Paris)
Blaues Rechteck
Lithographie, verso m. Kugelschreiber bez.:
Yves Klein, 116 rue d'Assas, Paris 6e.
15,5 x 10,5 | OM 793 | VIII/84 (Seite 32)
Yves Klein (Blaues Rechteck)
©VBK, Wien 2008

Kiki Kogelnik (1935, Graz–1997, Wien)
o.T.
Acryl/Leinwand, verso sign. u. dat. Herbst 1960
ger. | OM 815 | 18 (Seite 62)
Kiki Kogelnik (o.T., 1960)

Oskar Kokoschka (1886, Pöchlarn/
Niederösterreich–1980, Villeneuve)
Das letzte Abendmahl
Lithographie, Stein monogr. | 30,8 x 43,2 (m.R.)
OM 824 | VIII/108 (Seite 120)
Oskar Kokoschka (Das letzte Abendmahl)
©Oskar Kokoschka Foundation, Vevey 2008

Alfred Kubin (1877, Leitmeritz–1959,
Zwickledt/Oberösterreich)
Der Krieg
Feder-Kreide-Lithografie, 1903 | 35,5 x 43,7
aus der „Hans von Weber Mappe" | OM AS 18/9
(Seite 58)
Alfred Kubin (Der Krieg, 1903)
©Eberhard Spangenberg/VBK, Wien 2008

Einzug in Jerusalem
Lichtdruck; 31 x 25 | aus „20 Bilder der Bibel"
OM AS 18/92 (Seite 70)
Alfred Kubin (Einzug in Jerusalem)
©Eberhard Spangenberg/VBK, Wien 2008

Die Stunde der Geburt
Feder-Kreide-Lithografie | 35,5 x 43,7
aus der „Hans von Weber Mappe" | OM AS 18/2
(Seite 132)
Alfred Kubin (Die Stunde der Geburt)
©Eberhard Spangenberg/VBK, Wien 2008

Maria Lassnig (1919, Kappl/Kärnten)
o.T.
Aquarell u. Deckfarbe, sign. u. dat. 1959
verso Aqu. | 60,2 x 44,1 | OM 1235 | II G/39
(Seite 74)
Maria Lassnig (o.T., 1959)

Bildnachweis

Josef Mikl (1929, Wien–2008, Wien)
Büste
Öl/Karton, monogr. u. dat. 58 | verso sign.
29,7 x 21 | OM 1326 | IX/68 (Seite 66)
Josef Mikl (Büste, 1958)

Oswald Oberhuber (1923, Meran/Südtirol)
Die hohe Umarmung
Gouache, sign. u. dat. 50, verso betit.
50 x 34,8 | OM 1410 | X/19 (Seite 98)
Oswald Oberhuber (Die hohe Umarmung, 1950)
©Oswald Oberhuber, Wien 2008

Markus Prachensky (1932, Innsbruck)
Solitude
Rote, violette u. schw. T., sign. u. dat. 64
70,5 x 51 | OM 1504 | III G/104 (Seite 110)
Markus Prachensky (Solitude, 1964)
©Markus Prachensky, Wien 2008

Arnulf Rainer (1929, Baden bei Wien)
o.T.
Zentralgestaltung, schw. T. u. Aqu., bez. „TRR ..."
57 x 70,7 | OM 1543; III G/120 (Seite 40)
Arnulf Rainer (o.T.)
©Arnulf Rainer, Wien 2008

Berg und Wolke
MT./älterer Tiefdruck (nicht identifizierbar), sign.
24,2 x 31 | OM 1548 | XI/65 (Seite 54)
Arnulf Rainer (Berg und Wolke)
©Arnulf Rainer, Wien 2008

Landschaft
(großer Bogen); Öl und Ölkreide/Leinwand | sign.,
verso sign. u. dat. 63, ger. | 74,5 x 105
OM W 34 (Seite 102)
Arnulf Rainer (Landschaft, 1963)
©Arnulf Rainer, Wien 2008

Erwin Reiter (1933, Hochkraml/Oberösterreich)
o.T.
Siebdruck, sign. u. bez. h.c. | 70 x 50
OM 1566 | III G/122 (Seite 94)
Erwin Reiter (o.T.)
©Erwin Reiter, Julbach 2008

Rudolf Szyszkowitz (1905, St. Martin bei Villach/
Kärnten–1976, Graz)
Ostersonntag
Kaltnadelradierung, Pl. monogr. u. dat. 18.2.34
Radierung monogr. u. namentl. bez., Widmung:
Lisl Stockinger zugeeignet | 49 x 50 (Pl.), 62 x 58,5
OM 1743 | Sz 100 (Seite 78)
Rudolf Szyszkowitz (Ostersonntag, 1934)
©Peter Szyszkowitz, Graz 2008

Der Mensch
Radierung, monogr. u. dat. 1935, verso bez.:
Probedruck, gut | 50,5 x 41 (Pl.), 59,8 x 50
OM 1742 | Sz 99 (Seite 128)
Rudolf Szyszkowitz (Der Mensch, 1935)
©Peter Szyszkowitz, Graz 2008

Oswald Tschirtner
(1920, Perchtoldsdorf–2007, Maria Gugging)
Betende Hände
Tusche, monogr. | 14,8 x 10,5 | OM AS 24/46
(Seite 136)
Oswald Tschirtner (Betende Hände)
©Privatstiftung – Künstler aus Gugging, 2008

*Trotz intensiver Bemühungen war es nicht in allen
Fällen möglich, die Rechteinhaber der Abbildungen
ausfindig zu machen. Wir bitten Personen oder
Institutionen, die Rechte an diesen Abbildungen haben,
sich mit dem Wiener Dom-Verlag (www.domverlag.at)
in Verbindung zu setzen.*

Christoph Schönborn
Dr. theol., 1945 in Skalken in Böhmen geboren; trat nach der
Matura 1963 in den Dominikanerorden ein und studierte Theologie,
Philosophie und Psychologie in Walberberg bei Bonn, Wien,
Regensburg und Paris. 1970 wurde er von Kardinal König zum
Priester geweiht. Ab 1975 war er Theologieprofessor in Fribourg
(Schweiz). Von 1987 bis 1992 arbeitete er am Katechismus der
katholischen Kirche, dem „Weltkatechismus", mit. 1991 ernannte
ihn Papst Johannes Paul II. zum Weihbischof, 1995 zum
Erzbischof von Wien. 1998 wurde er zum Kardinal erhoben.
Er ist Vorsitzender der Österreichischen Bischofskonferenz.

Hubert Philipp Weber
Dr. theol., Herausgeber, Assistent an der Katholisch-Theologischen
Fakultät der Universität Wien, langjähriger Mitarbeiter von
Kardinal Schönborn.